図書館の現場力を育てる
― 2つの実践的アプローチ ―

人と情報を結ぶ WEプロデュース・LMゼミ出版プロジェクト=編

尼川洋子・石川敬史=共著

樹村房

はじめに

「研修会の企画担当になったのだけれど，何から始めたらよいのだろう。聞く人もいないし……」「毎月，色々な統計データをとっているが，それが仕事の改善に結びついていない。おかしい。でも，どう手をつけてよいかわからない」このような悩みを持っているあなたのためにこの本は書かれています。

　従来は，このような仕事上で出合うさまざまな問題の解決に役立つスキルは，職場の先輩から学べたものです。しかし最近は，それがむずかしくなっているようです。それならば，自分の館の直属の先輩でなくとも，私たち共通の職場の"共通の先輩"から学ぶことにしてはどうでしょう。お2人の"先輩ライブラリアン"が上記2つの課題「人材育成研修」と「活性化戦略づくり」に焦点を合わせて，現場で生み出された知恵とノウハウを伝授してくださいます。抽象的な「○○論」ではありません。必要な箇所を開いて，使ってください。今，とかく現場は元気がないと言われています。しかし「誰かが，どうにかしてくれる」はずもありません。現場の問題は現場の工夫で解決するしかないでしょう。この本は，現場にいる自分たちでできることがある，こうやってみては，と2つのアプローチを提案しています。

　Ⅰ部担当の尼川さんは，大学図書館で25年間勤務後，女性センターの情報ライブラリーの立ち上げと運営に携わられ，その後センター全体の企画推進ディレクターとなり，スタッフ皆が活き活きと元気に働く職場をつくってこられました。今回，彼女はチーム力を高めるために必要な職場の研修システムづくりと，担当者が研修会を企画・運営するノウハウをステップ・バイ・ステップで教えてくださいます。Ⅱ部を担当した石川さんは，大学図書館で電子図書館をはじめ，整理・サービス・業務委託管理などさまざまな業務につかれた後，学校法人の企画室で学園のビジョンづくりや中期計画策定などに携わられました。その経験の中から"ありたい姿"を実現する手法として，今眠っているデータを活用してチームプレイで行う戦略マップ作成を提案されています。ありそうでない，貴重なノウハウ本ができました。

　企業向けのビジネス書などでも，よく「現場力」という言葉を見かけます。

しかしそれは，この本の意図するところとは異なります。企業の目的は利益の追求であり，現場力を高めるのも，他者との競争に勝ち，会社を発展させるためでしょう。図書館・社会教育施設の目的は，情報による人々のエンパワーメント支援であり，コミュニティーの活性化と新しい知の創造です。競争ではなく"結ぶ力"が必要です。この本はその視点で書かれています。

　同様に，企業向けの本の中で「現場力を高める」と書かれているものは管理職の立場（上から目線）のものが多いようです。この本は，そうではありません。あくまでも現場スタッフの目線で，仲間と共につくりあげていくというコンセプトで書かれています。きっと，あなたに「これならやれる」と思っていただけることでしょう。

　　　2013 年 12 月 10 日
　　　　　　　　　　人と情報を結ぶ WE プロデュース・LM ゼミ出版プロジェクト
　　　　　　　　　　　　　　　　　　代表　丸本　郁子

もくじ

I部 スタッフもチームも組織も元気に ─ 11
～人材育成研修の取り組み～

1. 現場力を育てるために ─ 12
- 変化の波が現場に ─ 12
- 現場の困難 ─ 12
- 現場のリーダーとして ─ 13

1-1 職場にある教育力を活かす ─ 13
- 職場の中で学ぶ ─ 13
- 職場の"教育力"を見つける ─ 14

1-2 チームマネジメントとして取り組む ─ 15
- 課題のあれこれ ─ 15
- 複雑系には柔軟性で ─ 15
- チームマネジメントとしてのアプローチ ─ 16

1-3 現場に研修の仕組みをつくる ─ 18
- 必要な研修プログラムを整える ─ 19
- こんな職場研修がやりたい ─ 19
- 研修を職場に適応させる ─ 21

1-4 スタッフ研修の実践事例から学ぶ ─ 23
- マネジメントの視点とスキル獲得のための研修 ─ 23
- 職場の人間関係を築くアサーション・トレーニング ─ 25
- 利用者対応のためのコミュニケーションスキル・トレーニング ─ 27
- レファレンスのためのヒアリングスキル・トレーニング ─ 30

2. 研修を企画・運営する力をつける ……………………… 33
　　〜担当者のスキルアップ〜

2-1　研修担当者の仕事と守備範囲 …………………………… 33
- 企画・立案から実施までの流れを把握する ── 33
- 期間と期限〜プロセスをマネジメントする ── 35
- 段取りと進行管理 ── 38
- ゴールをイメージする，リスクを想定する ── 38

2-2　企画する時の留意点と手順 ……………………………… 40
- 企画を成り立たせる4つの要素 ── 40
- 企画のアイデア ── 41
- 企画づくりの手順〜何から決めていくのか？ ── 45

2-3　企画から実施までのポイント …………………………… 46
- 予算獲得 ── 46
- 講師依頼と確定 ── 46
- 広報と集客 ── 48

2-4　準備と運営のためのマニュアル ………………………… 49
- 講師とのコミュニケーション ── 49
- 会場準備 ── 50
- 運営に関わる担当者の役割 ── 51
- 実施後の事務処理 ── 52

3. 研修プログラムの企画・運営事例 ……………………… 53
　　〜「ライブラリーマネジメント・ゼミナール」(LMゼミ) 2004-2013〜
- 「LMゼミ」の成り立ち ── 53

3-1　プログラムはどのように組み立てているか？ …………… 54
- 参加者を想定して ── 54
- テーマの決め方 ── 54

- 講師の決め方 ─ 55
- 企画の趣旨 ─ 56

3-2　研修スタイル，ゼミナールの進め方 ……………… 58
- 研修スタイル ─ 58
- ゼミナールの進め方 ─ 59
- 講師と協働でプログラムを完成させる ─ 60

3-3　ワークショップの組み立てと進め方 ……………… 61
- ワークショップの組み立て例 ─ 62
- ワークショップの進行 ─ 62
- ワークショップのツール ─ 64

3-4　参加者とのコミュニケーション ……………… 67
- 参加コメント，事前課題 ─ 67
- コミュニケーション・シート ─ 67
- 参加度・貢献度を評価 ─ 68

3-5　ＬＭゼミの運営 ……………… 68
- 資金と経費 ─ 68
- 広報と集客 ─ 70
- 運営メンバー ─ 71
- 参加者サポート ─ 72

3-6　ＬＭゼミの影響・効果 ……………… 73
- 意識や行動に変化はあったか？ ─ 73
- 能力開発やスキルアップにつながったか？ ─ 74
- ＬＭゼミの波及効果は生じたか？ ─ 75

■参考資料：ライブラリーマネジメント・ゼミナール（LM ゼミ） ……………… 76
　2004-2013 プログラム一覧

Ⅱ部 「実行」につなぎ，未来をつくる ─── 87

1. データを現場で活かす考え方 ……………………………… 88

1-1 データを収集する目的：未来をつくるために ……………… 88
- 図書館のデータをアクティブに活かそう！── 88
- 「静」のスパイラルからの脱却を！── 89
- 図書館データの枠組み ── 91
- ありたい姿を実現するためのデータ活用 ── 92
- ビジョンを実現するためには…… ── 92
- ありたい姿とのギャップを考える ── 93

1-2 大きなコンパスの必要性 …………………………………… 95
- 個人の夢，憧れ，目標…… ── 95
- 持続的な経営を組織で支える ── 96
- その効果は組織から個人まで ── 96
- 個々人の目標へつなぐ ── 100

1-3 「静」から「動」への活用：データを活かす枠組み ……… 102
- 「静」から「動」へ ── 102
- 気づきを育むデータの「見える化」── 103
- 調査・分析，そして「行動」へつなぐ ── 105
- 利用者の回答結果を考える ── 106
- 個々のデータを分析し，企画・提案へ ── 108
- 電子ジャーナルのアクセス数を考える ── 109
- 複眼的にデータを活用し，組織を動かす ── 111

1-4 データを「実行」につなぐ ……………………………… 117
- データをどうしたいか？ 図書館をどうしたいか？ ── 117
- 意義や価値を問う ── 117

2. 戦略マップをつくろう ……………………………………………………… 118

2-1　戦略マップの概要 …………………………………………………… 118
- バランス・スコアカードの準用 ─ 118
- 戦略マップの長所 ─ 119

2-2　戦略マップの作成 …………………………………………………… 119
- ビジョンや目標の設定 ─ 119
- 利用者の視点 ─ 122
- 業務プロセスの視点 ─ 123
- 人材育成の視点 ─ 124
- 財務の視点 ─ 125

2-3　実現するための方法を考えよう …………………………………… 128

2-4　目標値をつくろう …………………………………………………… 130

2-5　戦略マップの見直し ………………………………………………… 135

3. ともにつくる，そして実行につなぐ ……………………………… 139

3-1　戦略マップの効果 …………………………………………………… 139
- 未来への航海図へ ─ 139
- 組織内のコミュニケーションツールへ ─ 140
- 進捗の「見える化」へ ─ 140
- 仕事のビジョンの明確化へ ─ 141

3-2　意志を持とう！ ……………………………………………………… 141

3-3　ビジョンを実現する人を育てる …………………………………… 142
- ともに学び，ともにつくる ─ 143

■Ⅱ部引用・参考文献 ……………………………………………………………… 144

Ⅰ部

スタッフもチームも組織も元気に
～人材育成研修の取り組み～

Ⅰ部では，現場でのチーム力を高めるために必要な職場の研修システムづくりと，担当者が研修会を企画・運営するノウハウについて平易に解説します。
また，すぐに活用できる事例として「ライブラリーマネジメント・ゼミナール」（LMゼミ）の企画・運営方法を詳しく紹介します。

1. 現場力を育てるために

●変化の波が現場に

　この10数年の間に図書館，社会教育施設（公的施設）の職場にはそれまでになかった大きな変化の波が押し寄せました。予算削減，人員削減に続いて，管理運営が設置者である自治体や大学の"単独"運営から，アウトソーシングや業務委託，指定管理者制度の導入によって，民間との"共同"運営へと変わってきています。

　施設・組織に押し寄せる諸々の変化の波はすべて"現場"が最終到達点になります。結果，外から見ればみんなその施設の職員と見えるのに，実際の現場はフルタイム正規職員，短期雇用職員（再任用，非常勤，嘱託，短期アルバイト等），業務委託スタッフ，契約社員等々，多様な雇用形態で，雇用主の違う職員が混在して働いている職場になっています。

●現場の困難

　現場は大変です。
- 業務委託やアウトソーシングで業務が分断され，全体に目を配って業務を改善することが難しい。
- 責任や権限，指示命令系統が煩雑化し，問題が生じても現場で問題解決ができない。
- 利用者のニーズが多様化する一方，対応する側は責任や権限が分断されていて，カウンターでの対人サービスのトラブルが増えている。
- 業務委託スタッフや多様な雇用形態の職員で構成されるため，職場で系統

的な職員養成ができない。
- 非正規短期雇用職員が多くなり，継続性と経験値の蓄積ができない。
- 現場経験がないまま現場を管理する立場に立たされている。

こうした日常的な諸問題が発生しています。

●現場のリーダーとして

　この項では，現実と目指さなければならないミッションとの狭間で，いちばんしんどい立場にある中間管理職，統括マネージャー，業務リーダー，中堅職員の悩みを共有し，"現場力"の源泉となる，スタッフとチームの両方を育てる取り組み（スタッフ・ディベロップメント）を具体的に考えます。

　"スタッフもチームも組織も元気に！"が目標です。

1-1　職場にある教育力を活かす

　はじめに，自分が今までどのようにして仕事に関する専門知識やノウハウ，スキルを身につけてきたかを振り返ることから始めてみましょう。

●職場の中で学ぶ

　私の職場での学び始めは1967年にアルバイトで入った大学図書館でした。大学の夜間部に通っていた学生の頃，近くにあった別の大学図書館にいわゆる長期バイトとして採用されて働き始めました。仕事は，目録カードの印刷，排列のために目録の標目を英文タイプでローマ字ヘッディングすること，カードケースへの排列（書名，著者名，件名目録）と本の装備という内容でした。今はほとんど，図書館の現場から消えてしまっている仕事ばかりです。

　働きはじめて半年ほど経った頃に上司から，「もし，将来も図書館で働く気持ちがあったら，仕事の基本はNDC（日本十進分類法）だから，勉強するつもりがあれば，お昼休みに30分だけ時間をとって教えてあげよう」と言われました。よくわからないまま，私ともう1人のアルバイトスタッフ，そして司書資格を持っていなかった職員の人と3人で，昼休みにNDCの講義を受ける

ことになりました。どのくらいの期間続いたか，今では覚えていませんが，ただ，NDC が理解できるようになるにつれ，私は退屈だった目録カードの排列がとても面白くなってきて，だんだん 1 枚の目録カードから 1 冊の本がイメージできるようになりました。

　結局，私はバイト先だったその大学図書館で正規職員になって，その後 25 年間司書として働くことになるのですが，その大半の期間を分類・目録担当（カタロガー）として働きました。そして，アルバイトスタッフの頃に教えてもらった NDC の知識がどんどん自分の中で成長していきました。他にも思い出すことは色々ありますが，今，振り返ってみると，働いた職場の中に"教える・学ぶ"風土があったことが，私自身が図書館員という仕事に飽きることなく元気に働き続けられた原動力になったと思っています。この，私自身が経験し実感したことは，後に管理職になった時に職場づくりに活かしました。

●職場の"教育力"を見つける

　今，私が働いていた頃のような牧歌的な"教える・学ぶ"雰囲気は職場から消えているかもしれません。「自分の仕事で手一杯，とてもじっくり教えるどころではない」という声も聞きます。でも，視点を変えて見てみれば，すでに職場の中には"教育力""教育資源"が存在しています。

　もう 1 つ，私自身の例を挙げます。コンピュータやインターネット，パソコンのなかった時代に仕事を始めた私たち世代は，1990 年代に入って急速に職場に導入されてくるコンピュータシステムやパソコン操作のスキル習得にとても苦労しました。でも，あらゆる機械操作が苦手だった私でさえ，パソコン教室に通うことなく，働いているうちにいつの間にか必要なスキルが身につき，パソコンも使いこなせるようになっていました。

　それは，①仕事上必要だったこと（動機づけ），②使えるパソコンがあったこと（教育環境），③わからない部分を教えてもらえる同僚（たいていが年下の）がいたこと（教える人）のおかげ，つまり，職場にあった教育力のおかげでした。

　じっくりと観察すれば，どの職場でも私にパソコン操作をマスターさせてくれたような，3 つの教育資源が見つかるはずです。特に，課題満載の現場は，スタッフの学習意欲を刺激する動機づけの材料には事欠きません。給料をもら

って働いている以上,「できません」とは言えないからです。
　職場の教育力を活かすとは，それぞれの職場にある"教育力""教育資源"を見つけ，それをうまく組み合わせて，機能するように仕組みをつくっていくことです。職場の教育力がうまく機能すれば，スタッフは現場で経験を積みながら成長し，スキルを身につけ，新たな課題が生じた時に取り組む意欲と解決する力をつけていくことができます。

1-2　チームマネジメントとして取り組む

　職場には教育力が備わっていると言われても，まず浮かんでくるのは"うまくいっていない"現実や解決できそうにない課題のあれこれでしょうか？

● 課題のあれこれ
- 日々の仕事に追われて，とても研修の時間がとれる状況ではない。
- 交替勤務や短時間パートなど，勤務時間がばらばらで一堂に会して何かやることは難しい。
- 多様な雇用形態（条件）の職員で構成されているので，同じ条件で系統的に研修することができない。
- スタッフに学ぼうという意欲がない。
- 一応，職場研修プログラム（新入職員向けなど）はあるが，おざなりなものになっている。
- 単発的な研修に終わっている。継続的に行われない。
- 研修の企画やフォローアップをする担当者がいない。
- 研修のための予算がとられていない。

このように，理由は数々，挙げられます。

● 複雑系には柔軟性で
　真面目に職員育成を考えるリーダーほど，"うまくいっていない，取り組むのも難しい"現実を重く感じてしまいます。でも，そう感じる気持ちの裏側に

案外と，職員を育成する研修は"こうあるべき"という考え方が張りついていることがあります。例えば，「研修は日常業務とは別に時間をとって，スタッフ全員が参加できるようにして，年間プログラムを組んで継続的に実施されるべきである」といったような。

でも，すでにスタッフが多様な雇用形態で複雑系になっている職場で，一律固定的な研修プログラムを実施するのはとても難しいことです。むしろ変化に対応して柔軟に，チームマネジメントとして日常業務の枠組みの中でやれることを考える方が現実的です。

- 短い時間（15分，30分）の研修プログラムはつくれないか？
- 3，4人のメンバーで，自分たちが必要と思うテーマでやれないか？
- ミーティングの時に，ワンポイント・レッスンタイムをとれないか？
- 業務改善の取り組みをスタッフのトレーニングの機会にできないか？

このように，少し発想転換して，職員養成の方策を考えてみましょう。

●チームマネジメントとしてのアプローチ

参考までに，2つのアプローチを挙げてみます。

◇職場の教育力・教育資源をOJTに活かす

このアプローチの目標は職場に教える・学ぶ風土をつくり出すことです。

よく見れば，職場の中には，抜群のITスキルを持っているスタッフや特定分野の情報に精通しているスタッフ，キャリアを積んで色々なスキルを持っているスタッフ等々，多彩な人材がいます。一方，経験やスキル不足のため自信を失いかけているスタッフ，もっとスキルアップしたい，学びたいと思っているスタッフもいます。

リーダーはチームの状況を見つつ，リーダーシップを発揮して職場やコミュニティの人材に働きかけ，教えるというよりシェアするという感じでトレーナーになってもらう機会をつくっていきます。このやり方は教える側にとっても，教える技術（プレゼンテーション・スキル）のトレーニン

グになります。

【企画のポイント】
- 少人数，短い時間で（15 分，30 分，1 時間）でやれるようにする。
- 内容を欲張らない。ワンポイント・レッスン，ミニレクチャー等。
- フレキシブルな研修方法でやる（デモンストレーション，他の研修報告，ケーススタディ，Web サイト利用等）。
- 気軽に取り組めて，続けていけるプログラムにする。

◇職場の課題をスタッフ教育に取り入れる

　このアプローチは，スタッフがリーダーのもとに持ち込む問題・課題をスタッフの学習課題にしてしまうという方法です。目標はスタッフが問題解決志向で仕事を進めていけるようになることです。問題・課題に対して，「……で困っています。何とかしてください」から，「こういう方法を考えてみたのですが……」という提案が出てくることをめざします。
　実際にあった事例を紹介します。
◎事例
　カウンター業務が交代制のため，担当者によって利用者対応が違っていることがあり，そのために利用者とのトラブルが起こる。前の担当スタッフの対応ミスで，苦情を受けるのは別のスタッフというケースも多く，カウンタースタッフ間の人間関係が悪くなっている。
◎対応
- リーダーとして，スタッフ個人のミスに留めず，なぜ，対応に差が出てしまうのかを考えた。
- 「カウンター対応マニュアル」の理解に個人差があることがわかった。
- 利用者の要求に押し切られてしまうケースでは，「マニュアル」が対

> 応できていない部分があることがわかった。
> ◎取り組み
> - カウンターでの利用者対応の実態にあった，自分たちが使える「対応マニュアル」改定案をカウンタースタッフ全員で検討してつくるという課題で取り組んでもらった。全員で話し合う必要がある時は，リーダーがカウンターを代替した。
> - 「対応マニュアル」づくりをする中で，それぞれのスタッフから利用者対応の悩みや問題が率直に出され，その対処法も話し合われ，スタッフ間にチーム意識が生まれた。
> - 当事者で取り組んで「マニュアル」をつくれたことで，その後も新たな問題が生じたら，まず解決する方法を当事者で考えてリーダーに提案するようになった。

チームの状態に合わせて，多様なやり方が考えられると思います。

ポイントは，現場で無理なくやれる，続けられることです。

結果，スタッフがこんな風に感じられる職場になれば，きっとリーダーのストレスも半減することでしょう。

- 忙しいけれど職場で学べることが多く，ポジティブな気持ちで仕事に取り組める。
- 雇用条件は多様でも，1つのチームとして働いている実感があり，人間関係もいい。
- 職場の中でコミュニケーションがよくとられていて，問題解決や新たな企画提案もできて，ストレスがたまらない。

1-3　現場に研修の仕組みをつくる

前項では職員養成を「チームマネジメント」の枠組みで考えましたが，この項では"現場力"を育てるために必要な「現場の機能」としての職員研修につ

いて考えます。座学の研修だけでなく，オリエンテーション，OJT，演習，小グループによるワークショップ，スーパーバイズ等を含む，広義の「研修」です。

すでに，それぞれの館には何らかの形で，職員の教育・研修計画があり，実行されていると思います。ただ，それは現場の課題やニーズに対応したものになっているでしょうか？

●必要な研修プログラムを整える

近年，図書館や社会教育施設の現場に起こっている変化は，職員研修のあり方，方法も変えていかざるをえない状況をつくり出しています。

例えば，次のような状況です。

① 非正規で期限付き雇用，受託期間内の派遣職員，契約職員，他の部署から2～3年異動で配置される職員等々，短いサイクルで職員が入れ替わる職場になってきた。→ 対応する新入職員教育プログラムが必要。
② 果たすべき役割の変化，求められるサービスの多様化と高度化で，職員に新たな能力，高度な専門性が求められるようになってきた。→ 職員の新たな職能を開発し育成するプログラムが必要。

必要ではあるけれど，どうやってそのニーズに対応する研修・教育プログラムを整えていくのか？　というところで足踏み状態になっている職場もあるかもしれません。ここでは，"現場に必要な研修プログラムは，現場で作る！"を目標に，今，どんな研修プログラムが必要なのかを考えます。ヒントになる事例を次に紹介します。

●こんな職場研修がやりたい

「私がやりたい研修：企画タイトルと対象者」は，人と情報を結ぶWEプロデュース主催「ライブラリーマネジメント・ゼミナール／2012」（LMゼミ）の第2回「必要とされる研修プログラムを企画・立案する」のワークショップで，参加者が取り組んだ"私がやりたい"研修企画のタイトル一覧です（表Ⅰ－1）。中には，職場の研修担当として"自分がやらなければならない"企画に取り組んだ参加者もいましたが，18人から興味をそそられる多彩な"やりたい"20企画が提案されました。「私がやりたい研修」は，視点を変えれば今，スタ

1. 現場力を育てるために

表Ⅰ-1　私がやりたい研修：企画タイトルと対象者

企画者	所属	企画タイトル	対象
A	大学図書館	❶「プレゼンテーション力をつけ，ガイダンスに活かす」 ❷「プレゼンテーション力をつけ，図書館をアピールする力を養う」	
B	国立図書館	❸「研修講師をやってみよう！ ～研修講師の心得，講義資料の作り方・話し方」	業務知識はあるけれど，研修など人前で話したりする経験のない人。これから研修講師を担当する人
C	専門図書館	❹「図書館スタッフ研修～話術を高めて利用者数UPをめざそう」	図書館スタッフ
D	専門図書館	❺「利用者にもう一歩近づく会話術」	専門図書館協議会会員
E	大学図書館	❻「サービス業のプロからおもてなしの視点を学ぶ」	図書館委託スタッフ
F	大学図書館	❼「集客ツールとしてのサイト構築を考案する」	閲覧業務担当者，システム担当者
G	公共図書館	❽「司書の挑戦！ 地域資料パスファインダーを作る」	
H	公共図書館	❾「初めて取り組む人のためのYAコーナーの作り方」	YAコーナーのない公共図書館の選書担当職員
I	大学図書館	❿「専攻言語の担当司書による外国語データベースの使い方」	カウンターを担当する職員
J	公共図書館	⓫「児童サービス実務研修」 公共図書館の児童サービス担当者	公共図書館の児童サービス担当者
K	大学図書館	⓬「もうipadの質問はこわくない」 ⓭「ipad　活用で図書館予算をゲットしよう」	カウンターで直接，学生に接する職員 図書館運営担当職員
L	専門図書館	⓮「電子ジャーナル・電子書籍の評価と導入利用～効果的な収集と活用のために」	理系・技術系の専門図書館員
M	公共図書館	⓯「資料を永年保存するために」	図書館員
N	専門図書館	⓰「あなたが支える図書館」	新任職員（司書資格あり，経験なし）
O	大学図書館	⓱「本学図書館に必要なもの」	館員全員
P	公共図書館	⓲「マネジメント研修～よりよい図書館づくりをめざして」	館長，チーフ
Q	図書館業務	⓳「その引き継ぎ大丈夫!?」	受託館リーダー（主，副）
R	専門図書館	⓴「学びの見かた」	医療系図書館員

ッフが現場の中で「必要としている研修」ともいえます。LMゼミ参加者の「企画タイトル一覧」から考察してみます。

企画提案された研修プログラムは大きく2群に分けられます。

1）職務に関わるトレーニングプログラム

20企画のうち半数以上の企画は，スタッフの職務に関わるトレーニングを目的とした研修プログラムです。

〈企画タイトルNo.〉　→　①②④⑤⑥⑧⑨⑩⑪⑫⑬⑮⑲

中でも，カウンター業務に関わる研修企画は，現場の課題に対応してテーマが絞り込まれたものになっています。タイトルにその具体的なトレーニング内容が示されていて，カウンター担当スタッフの研修ニーズが見えてきます。

〈企画タイトルNo.〉　→　④⑤⑥⑩⑫

2）新たな能力開発に関わる研修プログラム

図書館に求められる新たな役割やサービスに対応するために必要な職能開発の研修企画も提案されています。

・プレゼンテーションスキル　→　①②⑬
・コミュニケーションスキル　→　④⑤⑥⑫
・教育指導力　→　③⑳
・マネジメント力，企画力　→　⑦⑭⑰⑱

"やりたい研修"の中にはそれぞれの現場で実施する企画と，上部組織や協議会等で実施した方がいい企画が混在していますが，いずれも"現場力"を育てるために必要な研修であることがよくわかります。

● **研修を職場に適応させる**

スタッフとチームの育成には研修が必要とわかっていても，日常業務に追われ，次々と生じる課題に追われる現場では，「研修」はともすれば仕事のラインからはじき出されてしまいます。"余力がない，余力があれば……"で片付けられがちな「研修」をどうやって，職場に適応させていくかが次の課題です。リーダーのリーダーシップとマネジメントが求められます。

職場の教育力を活かす，チームマネジメントとして取り組む，業務の中に研修の要素を組み込む，ことについてはすでに提起しましたが，ここではそれら

を職場の研修システムとして機能させていく方策を考えます。
　まず，研修システムをつくっていく手段を示します。

1）研修を定例化する
　定例の研修の場を設けることで，職場研修が計画的，持続的に実施できるようになります。定例のミーティングや休館作業日等に研修を組み込んで定例化する方法もあります。
　1つの事例ですが，以前に関わった大学の人材育成事業では取り組みの中に，週1回定例で「ランチタイム　キャリアカフェ」というミニ研修がありました。集まる部屋とお茶とコーディネーターが配置され，参加者は自由参加で，お弁当持参で集まります。ランチをしながら，リラックスしておしゃべりを楽しんだ後，コーディネーターがファシリテーターになって30分ほどのミニ研修をするという構成でした。「ランチタイム　キャリアカフェ」には毎回6〜10人が部局を超えて集まり，3年以上続いていました。

2）研修をパッケージにする
　「新任者研修」や「レファレンス研修」など，繰り返し実施する必要のある研修については，パッケージを作って実施担当者が取り組みやすいように準備しておきます。パッケージの中身は，研修プログラム（新任研修の場合は対象別），レジュメ，テキスト，運営マニュアル（研修の留意点，研修方法等），参考資料，実施評価表等，です。

3）外部研修を組み込む
　研修システムに外部研修（国立国会図書館の研修や上部機関，図書館関係団体，その他民間団体の研修等）を組み込み，スタッフの長期的な職能開発やキャリア形成に対応する職場研修システムにすることで，スタッフの研修意欲を高めます。

　しかし何といっても，研修システムを現場に適応させていくのは，リーダーの働きかけ，マネジメントです。
　リーダーの役割は，
・職場の目標や課題を見極め，研修システムを整えていく。

- 実施する仕組みをつくる。メンテナンスする。
- スタッフへ研修の動機づけをする。
- スタッフの企画力を引き出す。
- 学ぶ・教える職場風土をつくる。
- 研修をフォローし，現場にフィードバックする。
- 研修の必要性が組織に認められるように働きかける。

など，戦略的な取り組みが必要です。

「研修」によって，職員の能力アップやチームワークが向上するといった効果が即時に現れるものではありませんが，現場の機能として研修システムをつくっていく，研修を実施していくといった，普段の取り組みのプロセスで"現場力"が育っていくことを，私自身は職場でのリーダー経験を通して確信しています。

1-4　スタッフ研修の実践事例から学ぶ

●マネジメントの視点とスキル獲得のための研修

「マネジメント研修」のテーマ展開例として，人と情報を結ぶＷＥプロデュース主催「ライブラリーマネジメント・ゼミナール」の 2004-2012 年プログラムの各回テーマを，研修目的別に再構成したものを紹介します。このゼミナールは，1 人ひとりの図書館員がマネジメント視点とスキルを身につけることにより，図書館の活性化をはかることを目指して実施されています。「ＬＭゼミ 2004-2013 プログラム一覧」は p.76 〜 85 に掲載。所要時間：各回，レクチャー 60 分＋ワークショップ 90 分。

■ライブラリーマネジメントの研修テーマ構成例

＊（　）内はＬＭゼミの実施年

① マネジメントの基本を理解する

「図書館を創る」（2004）／「マネジメントと評価」（2004）／「仕

事をグレードアップする～劇場としての書店，○○としての図書館」（2006）／「アカデミーヒルズ六本木ライブラリーの挑戦」（2007）／「管理職という立場」（2008）

② **企画とマネジメントの手法を学ぶ**

「コレクションを創る」（2004）／「業務フロー：マネジメントのツール」（2004）／「利用を創出する：コレクションを有用な情報源に」（2006）／「企画のポイントと業務フロー：ライブラリー事業の新機軸を」（2006）／「ライブラリアンのためのプロジェクトマネジメント～予算獲得から企画・事業実施まで」（2008）／「利用を創出するコレクションマネジメント」（2009）／「必要とされる研修プログラムを企画・立案する」（2012）／「統計データ（評価）を読み解き，計画・企画に活かす」（2012）

③ **チームマネジメント，リーダーシップについて学ぶ**

「チームプロジェクトとしてのマネジメント～変化に対応するために」（2006）／「やる気が起こる職場をつくるチームマネジメント」（2008）／「プロジェクトを動かす仕事術」（2009）／「カウンター業務のコミュニケーションマネジメント」（2011）

④ **図書館の活性化・「見える化」について実践的に学ぶ**

「パブリック・リレーションズ（PR・広報）」（2004）／「"静かな"から"目立つ"ライブラリーに～マーケティングとパブリック・リレーションズ」（2006）／「元気！なライブラリーへの道～戦略的パブリック・リレーションズ」（2007）／「施設から知的サービス業への転換～"コンセプト"と"コネクト"」（2007）／「図書館を演出する～惹きつけるしかけとは？」（2009）／「エントランスとカウンターを演出する～人を招く空間づくり」（2011）

⑤ **コミュニケーション力，プレゼンテーション力をつける**

「多様な利用者への多様な対応～コミュニケーション・スキルを身につける」（2011）／「伝える技術・プレゼンテーション力をつける」（2012）

●職場の人間関係を築くアサーション・トレーニング

　職場の人間関係をスムーズにするために，自分も相手も大切にするアサーションや自己尊重トレーニングの研修があります。実際に，医療関係の職場で行われた研修のレジュメを講師（カウンセラー）に提供してもらいました。所要時間：2時間（懇談を除いて）。

■気持よく働き続けるために，職場のコミュニケーション講座

〈レジュメ〉
1．職場での人間関係の捉え方
　→限定の，利害を同じくする，パートナー，仲間ではあるが，入職年数による違い，役職による上下関係が加味された関係であり，単純な友人関係ではない。→期待しすぎてはいけない。
2．気持ちよく働くために必要なことは？
　・お互いを"尊重される自己"として認め合うことが必要。
　・そのためには自分を自分がOK（自己尊重感）が重要。
　　ex. どの関係性がスムーズにいくか？
　　I am OK.　YOU are OK.
　　I am OK.　YOU are not OK.
　　I am not OK.　YOU are OK.
　　I am not OK.　YOU are not OK.
　→お互いを尊重しあう，アサーティブ・コミュニケーションをして仕事をする。→ストレスでつぶれない働き方につながる。
3．アサーティブになれず，ストレスを抱えてしまう考え方のくせ，「絶対論思考」に気づく
　→「絶対論」とは？
　　① ALL or NOTHING
　　② 肯定的な側面の否定（否定的，悲観的にばかり物事を見る）
　　③ 過剰な一般化

④「〜すべき」「〜であらねば」
⑤ 結論の飛躍
⑥ 根拠のない「思い込み」「深読み」「先読み」など
→どう修正していくか？
　人には誰でも癖がある。自分をしんどくさせているものは修正，できないものはあきらめる。
→どうやって解放するか？
　「〜とは限らない」の練習

4．**みんなでワークをやってみる**
→転換・変換の練習
→具体的なアサーションの方法として，提案型のコミュニケーション法DESCについてやってみる。

5．**ストレスから自分をどう守るか**
・自立神経を整える。→交感神経と副交感神経のバランス
・自分を元気にさせる切り替え法を知っておく。
　→深呼吸する（腹式呼吸→脳内セロトニンを増やす）。
　→笑う（脳が反応する）。
　→植物に触れる。
　→森や自然の中に行く。
　→眠り，休息，日常リズムを崩さない工夫をする。
・人には元々，「エネルギー値の違い」がある。人と自分を比べない。

6．**その他**
・どうしても合わない人とはどう働くか，対処法を考えてみる。
・忙しくて感情的になってしまった時，どう気持ちの修正をするか考えてみる。

●利用者対応のためのコミュニケーションスキル・トレーニング

心理カウンセラーの対人援助トレーニングの内容・方法をベースにして，図書館のカウンタースタッフのための利用者対応トレーニングプログラムとして開発したものです。「ライブラリーマネジメント・ゼミナール／2011」第1回で実施しました。レジュメの制作者は講師（カウンセラー）。所要時間：グループワーク（ロールプレイ）入れて2時間半。

■多様な利用者への多様な対応
〜コミュニケーション・スキルを身につける

〈レジュメ〉
1．人は何を求めてライブラリーを訪れるのか？
 →自分の「現場」について理解を深める。
 ①ここは何をするところか？（機関としての使命は何か？）
 ②自分の担当，責任範囲は何か，どこまでか？
 ③利用者は何を求めていることが多いのか？
 　本を探しに／情報を求めて／「何か」を求めて／時間つぶしに／学習机を求めて／他に行くところがないから／誰かに関わってほしいから／誰かに文句を言いたいから
 ④どのようなサービスを体験して帰ってもらうといいか？
2．利用者との関係づくりを考える
 →ライブラリアンにとってのコミュニケーション・スキルとは？
 ① 利用者の「求める力」を引き出す
 　・受容力　→歓迎する姿勢，スマイル・アイコンタクト
 　・共感力　→待つ姿勢
 ② 利用者が自分に求めているものを知る
 　・質問力　→開いた質問・閉じた質問
 　・理解力
 ③ 相手が求めている情報に至る道を探す

- ・検索力
- ・分析力

3．多様な利用者への対応

① ヒアリングのポイント
- ・想像力と感受性
- ・気持ちを聞く。
- ・相手のいいたいことを引き出す技術，言ってもらう能力
- ・確認，整理

② 話す時のポイント
- ・同じことでもプラスの言い方で。
  「～は出来ません」より，「～ならできます」
- ・利用者は「自分ただ一人」，スタッフは「皆同じ立場」

③ 苦情処理への対応
- ・苦情は期待の裏返し→改善への意志・気持ちを示す。
- ・こちらに理があっても，相手の「失望」は事実→それに対しての謝罪
- ・相手の言い分，感情を十分に受け止める→途中で言い訳をしない。
- ・ルール違反，他者への迷惑行為などに関しては，冷静に伝える→相手の感情や反応は相手の問題

4．問題利用者に出会ってしまったら……

① 問題利用者とは？
- ・本来の業務を滞らせる人（おしゃべりの相手を求めるなど）
- ・「同じ権利を持った他の利用者」への迷惑・脅威になる行為をする人

② クレームや「怒り」に出会ったとき
- ・間をとる。
- ・聞く，聴く。
- ・「同意」でなく「理解」する。
- ・個人的には受け取らない。
- ・相手の「失望」に対して謝る。
- ・相手への敬意を保つ。
- ・タイミングよく退却する。

③ ルール違反の場合
④ 迷惑行為・犯罪行為の場合

グループワーク
▶ロールプレイ
・用意された，ロールプレイ用構成事例の場面を「図書館員」役，「利用者」役になって演じ，対話による事態収拾を試みる。

〈構成事例〉
A：あなたは，大学図書館でカウンター業務をしています。この館には，返却の延滞や規則違反があると，その後○○週間，本の貸出が停止されるという罰則規定があります。閲覧は可能。
　先日まで，長期延滞で何度も督促していた学生が，貸出停止期間なのに，別の本を借りたいとカウンターにやってきました。ルールを伝えると，期末レポートのためにどうしても必要な資料だと粘ります。
　それでも「規則ですから」と伝えると，「自分が単位を取れなかったら，その責任を取ってくれるのか！」と声を荒げて迫ってきました。
　さて，あなたは……。
B：あなた（女性）は，今年から公共図書館に勤務するようになりました。
　今日は，朝から数冊の雑誌を閲覧していた利用者が，雑誌のページがかなり切り取られていることに気づき，カウンターに持ってきました。
　その雑誌は新着で，昨日配架したばかりです。その時は破損はありませんでした。
　切り取りに気づいた利用者より前に，該当の雑誌を閲覧していた利用者が出口に向かっているのが見えたので，あなたは呼び止めて尋ねてみることにしました。

●レファレンスのためのヒアリングスキル・トレーニング

初任者研修として，カウンター業務を担当するスタッフを対象に行うトレーニングです。レジュメ作成は筆者。所要時間：1時間。

■レファレンスのためのヒアリングのポイント

〈レジュメ〉

1．質問を受ける時の留意点
  ① 相手をサービスする対象（客）として接遇する。
   ・ウエルカムの態度，話しかけやすい雰囲気をつくる。
   ・明るい表情（声）で，気持ちよく応対する。
   ・自分は相手にどう見えているかを意識する。表情，態度，服装，言葉づかい等。
  ② 受容的な態度で，落ち着いて質問を聞く。
  ③ 会話はキャッチボール。ステップ・バイ・ステップで進めていく。

2．聞き取り（インテーク）のステップとポイント
  →「聞き取り」は，「情報探し」「回答（情報提供）」に入る前の段階。
   "聞く・聴く"ことに集中し，先回りして回答を考えない。
  →「聞き取り」は，電話の場合は3～5分，面接の場合は5～10分をめやすにいったん終了する。長引くと質問者はいらだってくる。

【ステップ】
1）質問の受容
  →「ちょっと聞きたいんですが……」という相手の話しかけを，まず受容する。
  →「はい，どうぞ。どういうことでしょうか？」
  ×対応　＊無言。応えないで次の質問を待つ　⇔　相談者は質問を受け入れてもらっていない感じ，拒絶されているような印象を受ける。
  　　　　＊受容の言葉を発さないで，いきなり自分の質問をする　⇔　相

談者の側は話を続けられなくなる。十分に説明できていないという不全感が残る。
2）質問を聴く
　→先回りして回答のことを考えない。相手の質問を傾聴し，情報探しに必要な"情報（キーワード）"を正確に聞き取る。質問の背景にあるニーズに想像力を働かせる。
3）質問の再確認をする
　→相手の質問を反復する。「……ということについてわかる資料をお探ということですね」「……に関する情報をお探しすればいいのでしょうか？」
×対応　＊「わかりました」と，すぐ情報探しに取りかかる　⇔　質問者には自分の言ったことがちゃんと伝わったかどうかという不安が残る。
4）情報探しの条件を確認する
　→時間的余裕，期限，必要情報の程度を聞き，了承を得る。
　　「お調べ（お探し）するのに，○○分ぐらいかかりそうですが，お時間大丈夫でしょうか？」
　　「○○の範囲まで広げて探しましょうか？　それとも○○の部分だけでよろしいですか？」
5）聞き取り（インテーク）を終了する
　→「では，調べてみますので，しばらくお待ちください」

グループワーク　　１グループ３人の構成で行う。
▶背景（ロールプレイ事例としての）
　A．質問者　→大学のゼミの先生に，「あなたが，今考えている卒論のテーマだったら，○○情報ライブラリーに行ってみたら」と言われたので来た。卒論はジェンダーに関わるテーマで書きたいと思っているが，どのような論点にするか決まらない。性別による色（男の子＝青，茶色　女の子＝赤，ピンク）はいつごろ，どういう理由で定着したのか，

そのあたりから調べてみようかな……。
　B．応対者　→あなたは，男女共同参画センター情報ライブラリーのカウンタースタッフです。若い女性が1人，おそるおそるカウンターに近づいてきました。

▶ロールプレイ
　A．質問者　→与えられた「背景」を参考に質問を考え，自分の言葉で質問する。
　B．応対者　→「聞き取り」のステップ1)～5)を意識して，質問者とコミュニケーションする。回答はしなくていい。
　　　　　　　情報提供の方向がみえてきたところで終える。
　C．記録者　→タイムキーパー（10分）。質問者と応対者のやりとりをステップごとにメモをとる。

▶ロールプレイの検証
　①記録者は「やりとり」を発表する。
　②質問者は自分のニーズがちゃんと伝えられたか，また，相手に伝わらなかった場合，それは何故かを発表する。
　③応対者は何を聞き取ったかを発表する。
　④3者で，"情報ニーズと質問""質問と聞き取り"について検討する。

2．研修を企画・運営する力をつける
〜担当者のスキルアップ〜

　研修や事業プログラムを企画立案し，実施・運営していくスキルとノウハウを身につけるにはどうしたらいいでしょうか？　スキルとノウハウの獲得は，現場で先輩の指導を受けながら経験を積んでいくのが理想ですが，現実はトレーニングや指導を受ける機会もないまま担当になるというケースも多いようです。「専門ではないので，どう仕事を進めていけばいいかわからない。相談できる人もいない」という担当者の悩みもよく耳にします。

　この項では長年，女性関係施設や情報ライブラリーで事業企画・運営の仕事をしてきた筆者がその経験の中で得たスキルとノウハウを"現場から生み出されたものを現場へ"のコンセプトで，オン・ザ・ジョブ・トレーニング（ＯＪＴ）の手法で提供し，そのままマニュアルに応用できるように構成しました。

2-1　研修担当者の仕事と守備範囲

　研修やセミナーの企画・実施担当になって最初に戸惑うのは，仕事をどこから始めればいいか，どんな段取りでやればいいのか，ということではないでしょうか？　ついつい，「とにかく，テーマを決めなくては」「誰か，講師を探さなくては」に走りがちですが，ちょっと待ってください。

　「企画・実施」の仕事は定型的な繰り返しのルーチン・ワークではなく，開始から終わりのあるプロジェクト型の仕事です。ですから，担当者はまず，企画立案から実施・運営までの仕事の流れを頭に入れること，そしてその流れの中にどんなステップ，どんな業務があるかを把握することから始めなければな

りません。それが「企画・実施」仕事をうまく進めていくノウハウの第1段階です。

●企画・立案から実施までの流れを把握する

　図書館や社会教育施設といった公的施設の事業の場合，企画から実施に至るまでには，概ね，次の①～⑧のようなステップがあります。

　それぞれのステップに関わる業務については，サンプルとして『セミナー・研修等の「企画実施」ワークパッケージ』(p.36～37)を参考にしてください。
****

① 基本企画
　　↓　実施計画として承認され，予算を獲得するために大枠の構想企画をたてる。
② 提案・決定
　　↓　親組織，財政担当者へプレゼンテーション（ヒアリング）を行い，決定を得る。
③ 実施企画
　　↓　実施のための詳細企画を立てる。
④ 決裁
　　↓　組織内で事業実施の承認を得る。
⑤ 広報・集客
　　↓　事業を広報し，参加者を集める。
⑥ 事前準備
　　↓　実施に関わる準備を整える。
⑦ 実施当日
　　↓
⑧ 実施後
****

　①②の段階は通常，事業実施の前年度になることが多いと思います。また，①②の担当と③～⑧の担当は別人ということもよくあります。しかし，セミナーや研修の「企画・実施」では，①から⑧は一続きだということを意識してお

きましょう。

　もし，①の段階を担当したスタッフが異動して，自分がいきなり③以降を担当することになったとしても，「実施企画」に取りかかる前に，①の段階で提案されている「基本企画」の内容を確認しておく必要があります。「基本企画」の趣旨や目的は，テーマ（課題）の背景と課題解決のアプローチを示すものですから，その流れの中に「実施企画」を位置づけて，仕事を進めていきます。

　担当者は，まず，企画立案から実施までの流れと段階（①→⑧）を頭に入れること，そして各段階の作業や業務を洗い出してみることから取りかかりましょう。

●期間と期限〜プロセスをマネジメントする

　研修会・セミナーには実施日というゴール（期限）があります。しかし，このゴールは他の期限のある仕事のように，１週間ぐらい前から残業して集中的にやって間に合わせるわけにはいきません。企画から実施までにかかる準備は規模や集客範囲にもよりますが，短くて３カ月，長いものでは前年から１年以上になります。その中で各段階に期限が設定されていると考えなければなりません。各段階の期限はそこをクリアしないと次に進めないという性質のものです。

　例えば，先に述べた企画立案から実施までの流れの中で，「決裁」という段階は決裁権限を持つ上司全員がハンコを押して決裁を終えないと，次の「広報」に進むことはできません。公務職場の場合は特に，この決裁者（ハンコ）が多いのが特徴ですから，要注意です。開催日は決まっているのに，決裁が差し戻されたりして手間取ってしまい，広報期間が短くなって，参加者を集めるのに大変苦労したというケースもよくあります。

　担当者になったら，まず，自分が担当するセミナー，研修のワークフロー（仕事の流れ）と期限をいれたスケジュールを作ってみてください。企画から実施までの期間をどのくらいとるか，各ステップの期限をいつに設定するか，表Ⅰ−２に掲載している『セミナー・研修等の「企画実施」ワークパッケージ』を参考にすると作りやすいかと思います。この「ワークパッケージ」は業務フロー，スケジュール管理，進捗チェックリストをかねています。

表 I-2　セミナー・研修等の「企画・実施」ワークパッケージ

スケジュール	段　階	決めること＆留意すること：　決定事項	
	1．基本企画 ＊事業計画及び 　予算獲得のための構想企画	□事業の趣旨，必要性，期待できる効果 □事業名称，テーマ □対象，規模 □実施方法，講師案 □予算（収支計画）案	
	2．提案・決定 ＊親組織，財政担当者 　へのプレゼンテーション	□説明（ヒアリング）日時の決定 □プレゼン担当者 □説明の方針と戦略 □添付するデータ，参考資料等を選定する	
	3．実施企画 ＊実施のための詳細企画	□主催者，企画・運営担当者 □プログラム内容（テーマ，構成，学習方法） □講師，事例発表者等の選定 □実施内容（日程，会場，定員，参加条件，申し込み・受付方法，締切等） □業務スケジュール □広報計画（広報物，種類，数量，広報先） □予算と必要経費の収支を精査	
	4．決裁 ＊組織内での承認	□決裁伺の時期 □決裁のタイムリミット □決裁のフォロー	
	5．広報・集客 ＊集客のための宣伝活動	□広報物の形態，媒体，記載内容 □広報先，ルート，担当者 □広報戦略 □広報スケジュール □広報の周知，リサーチ	
	6．事前準備 ＊広報開始から実施日まで	□講師とのプログラム内容調整 □受講者の確定 □当日の運営，進め方，役割分担 □アクシデント，トラブルの対応策と責任者 □業務進行状況チェック □事業評価のためのアンケート項目等	
	7．実施当日 ＊開催日	□講師，受講者の状況把握 □役割分担と準備状況のチェック □タイムスケジュールの確認，調整 □アクシデント，トラブルへの対応	
	8．実施後 ＊開催後2週間以内 9．終了	□実施後の事務処理の進捗管理 □事業評価（成果，効果，改善点等） □成果の還元方法（報告書，HP掲載等）	

	仕事・行動
	□企画案（たたき台）の作成 □企画調整会議を開く（日程調整，議事文書作成） □情報収集（課題，ニーズ，講師，親組織の方針等） □事業計画書案作成 □収支予算書案作成
	□日程調整の連絡をする □情報収集をする（予算編成方針，類縁機関の企画，　助成の有無，説明用の参考資料・情報など） □実施計画書，説明資料，要約文書を作る
	□企画会議の開催準備（日程調整，会議資料作成） □情報収集をする（講師，連絡先，テーマ関連情報） □募集要項案作成 □会場の予約，使用手続き □講師依頼（メール又は電話で打診した後，文書で依　頼状を出す。所属組織には講師派遣依頼状） □業務計画表の作成 □収支見積書作成 □広報物（チラシ・ポスター，HP等）原稿案を作成
	□決裁書類（事業企画書・予算書）作成・提出 □決裁行為の進行チェック
	□募集要項，広報物の作成 □広報物発送準備（広報先リスト，アドレス等） □募集要項，広報物の発送・発信 □報道提供資料の作成と発送・発信 □募集対象及び対象機関への案内作成・発送
	□講師依頼書及び打ち合わせ文書等を作成し発送 □受講者への連絡文書の作成。発送・配信 □申し込み受付名簿→受講者名簿作成 □必要備品・物品，消耗品，受付用品等の調達 □有料の場合は領収書，おつりを準備 □レジュメ，配布資料，アンケート等の印刷とセット □講師，出演者へ確認のための事前連絡 □当日の進行シナリオ作成 □謝金，交通費等支払書類の準備
	□講師，出演者の応接。謝金支払手続き等 □会場の設営，機器のチェック。必要備品の用意 □受付用品準備（名簿，配布物，名札等） □参加者の受付。アンケートの回収 □会場内での受講生応対，案内など □運営（司会，進行，講師補助，終了）をする □記録をする（写真，録音，撮影等） □会場後片付け，機器返却など
	□アンケートの集約，関係資料整理をする □講師，出演者へ礼状を出す □経費の出納計算と支払申請書類等の作成 □実施報告書，広報媒体への報告記事作成等 □事業評価のためデータ入力，資料整理をする □実施記録資料のファイリングをする

面倒でも自分の担当する事業の「ワークパッケージ」を作っておくと，全体の段取りがはっきりして，失敗なく余裕を持って仕事を進めることができます。

●段取りと進行管理

　男女共同参画センターで企画推進ディレクターをしていた時，いくつもの事業を担当しているスタッフによく言っていたことがあります。「皿回しになったつもりでね。自分が今，何枚の皿をまわしているのか頭にいれて，棒の先の皿の回転が止まりかけたら落ちる前に急いで回しに行って，回転が安定したら，その間に次の皿にかかるというようにね」

　つまり，「企画・実施」の仕事は，開始から終わりまでの間は皿が回っている状態，ずっと進行形であること，そして，その進行がちょっとした油断で止まると皿は落ちて割れてしまい，元の進行に戻すのに多大な労力と時間が必要になること，悪くすると予定どおり実施できない事態になることを，常に意識しておかなければならないということです。

　前に述べたとおり，企画から実施までは時限仕事の連続です。担当者の主要な役割はその時限仕事の段取りと進行管理ということになります。そのために必要なことは，
　① 企画から実施までの流れと各段階を把握すること，
　② 各段階の作業，業務を洗い出すこと，
　③ 各段階に期限を設定し，スケジュールを入れたワークパッケージをつくること，
です。

●ゴールをイメージする，リスクを想定する

　セミナー，研修の担当者はただ仕事を進めているだけというのではなく，企画・実施しようとしている事業のゴールを自分でイメージしておくことが大事です。もちろん，成功イメージです。ターゲットとした人たちが募集した定員以上に集まった。講師がテーマ（課題）にぴったりのレクチャーをしてくれて受講者のニーズに合致し，受講者がとても満足した。受講者が積極的にプログラムに参加し，運営もスムーズに運んだ，等々。その事業の成功イメージを自

分で描いておくことで，そこへ到達するために何をすればいいか，が明確になってきます。

　その一方で，あらかじめリスクを想定しておくことも必要です。セミナー，研修を実施する際のリスクとしては，まず，「講師」に関することが挙げられます。私が企画推進の仕事をしていた時，実際に経験したアクシデントの例を紹介します。

- （海外から招へいした講師）2日間出演してもらうプログラムだったのに，何故か1日の予定しかとられていなくて，2日目は空港から飛び立ってしまわれた。
- 講師が当日の朝，急病になって来れなくなった。
- 講師が予定をダブルブッキングされていて，来れないことが3日前にわかった。
- 電車が遅れて，講師が開会時刻に間に合わなかった。

　そんなこともあって，企画推進ディレクターをしていた頃は"受講者は部屋いっぱい集まっているのに，講師が来ない""講師は演壇に立ってるのに，受講者が誰もいない"といった夢をよく見ました。

　機器操作や施設に関わるアクシデントもあります。

- パソコンの画面がスクリーンに映し出せない。
- マイクが通じない。異音が出る。
- 上映会の途中，上映中のフィルムが切れた。映写機が故障した。
- 会場の申込み手続きがされていなかった。
- スプリンクラーが誤作動し，会場にいた人が全員びしょ濡れになった。

　参加者に関わるアクシデントで，いちばん多いのは開会中の体調不良です。時には救急車を呼ばなければならないこともあります。リスクには，避けようのないものもありますが，想定して対策をとっておくである程度避けられるものもあります。例えば，講師に関わるリスクは担当者が必要な事項を確認しながら連絡をとることで，未然に防げることもありますし，講師が開会時刻に間に合わないというケースでは，当日の運営の中にフレキシブルに変更できる部分を組みこんでおくという方法もあります。また，アクシデントが発生した時に対処する体制をあらかじめ，組織内で決めておくという対策もあります。

そうすることで，担当者は安心して仕事を進めていくことができます。備えあれば憂いなし，です。

2-2　企画する時の留意点と手順

●企画を成り立たせる4つの要素

　どんな事業の企画でも，企画を成り立たせるためには「目的」「対象」「ニーズ」「資源（カネ・ヒト・モノ）」の4つが必要です。これらは企画の構成要素であり，有機的に結びついて企画を実施に移す土台になります。セミナーや研修企画の担当者になったら，まず，この4つの要素を押さえて企画をつくっていきましょう。

　目的は課題と課題解決策であり，研修プログラムの場合は到達目標になります。また，企画から実施までを貫くコンセプトでもあります。テーマやタイトルを決める，プログラムを組む，講師を決める・依頼する，事業評価をするという，次のステップはすべて「目的」と整合性がとれていなければなりません。この部分があいまいで，とおりいっぺんの文章で表現されていたら，事業の必要性を訴える力も弱くなり，企画が通らなかったり，また，企画が実施の過程で迷走してしまい，目的とはちがう結果（失敗）に終わることにもなりかねません。

　対象は想定参加者，参加対象施設・機関ということになります。当然のことですが，対象のない企画は成り立ちません。特にセミナーや研修企画の場合，対象を"○○を担当する職員""初任者，管理職，館長"というように始めから特定される場合もありますが，その際も「対象」のバックヤードまで含めて，企画に反映させる必要があります。

　ニーズは，課題に対する関心，課題解決の必要性ということになります。ニーズがなければ，企画しても参加者を得ることはできません。参加者を得るためには，「ニーズ」と「対象」を対の関係でとらえ，「対象」のニーズを想定し，また，潜在的ニーズを掘り起こして，企画をつくっていきます。

　資源は企画を実施するために必要な資金（予算），人材（講師や担当者）と，

会場・設備等です。企画の実施条件ということになります。企画担当者は活用できる「資源」を確認して，それを運用した実行計画を企画の中に組み込んでいくことになります。

●企画のアイデア

　企画担当になったけれど，よいアイデアが浮かばず，なかなか実際の企画作業に進めないということはよくあります。最初の壁です。何とかしなければと焦り，悩む時期が企画担当者になれば必ずあります。でも，じっとパソコンの画面をにらんでいても，なかなかアイデアは浮かびません。企画を着想するためには，何か手がかりが必要です。

　何が，アイデアを得る手がかりになるでしょうか？　長年，女性関係施設の事業企画の現場で，いつも企画のアイデアを出すのに苦労してきた者として，私自身が"手がかり"として活用していた情報媒体をいくつか紹介します。

1）「人」から

　まずは，企画の対象者となる人たちのマーケティングです。研修プログラム企画の場合は参加対象者の現在抱えている課題や学びたいことがつかめれば，テーマやテーマのアプローチを考えるヒントになります。研修対象施設や参加対象者に，「企画してほしいテーマ」についてアンケートをとるというやり方もあります。しかし，この場合，漠然と聞くと，多岐にわたるテーマが出されてよけいにわからなくなりますので，ある程度，限定して聞く必要があります。このように正面きって，聞くやりかたもありますが，私の場合，職場での何気ない会話や雑談，企画のターゲットとなる人たちがこぼす愚痴や，施設の利用者のクレームなどからもアイデアを得ることがありました。

　例えば，女性関係施設でさかんに「主婦の再就職セミナー」が取り組まれていた頃，職場の若いスタッフが「もし女性が働き続けられたら，こんなに再就職の苦労をしなくてもいいのに……」と言ったことがヒントになって，"そうだ。今，働いている女性たちを応援しよう"と方向転換し，「ライブセミナー　女性と仕事」という企画が生まれました。この企画は，毎回，さまざまな分野で働き続けている女性をゲストに招き，自分の仕事観，ライフスタイル，ストレス解消法まで，生の声で語ってもらうというものでしたが，就職活動をする女

子学生にも大好評で，長寿企画になり，ついに 1 冊の本にまとめて出版するほどになりました。

2 ）「場」から

　関連する分野の催しや他のセミナー・研修会に積極的に足を運んで，直に講師の話を聞いたり，ワークショップに参加したり，参加者どうしで話をすることもアイデアを得る，いい機会になります。何と言って，「場」に参加して得られる情報は実践に裏打ちされた"生情報"が多く，企画を確かなものにするのに役立ちます。

　特に，"企画を考えなければ"と悩んでいる時は，キャッチする自分アンテナも精度がよくなっていますので，「場」の中で見たり，聞いたりしたことから企画のキーワードが浮かんだり，また，そういった場で講師の候補者が見つかり，その講師をキーにして，企画のテーマや対象がするすると決まっていくこともあります。

　私は，この 9 年近く，「ライブラリーマネジメント・ゼミナール」の企画を担当していますが，私にとって，毎年開催される「図書館総合展」は企画のアイデア得る宝庫になっています。展示やポスターセッションからは新しい動きや視点，わくわくするような先駆的な活動の情報が得られ，同時開催されるセミナーのテーマや発表者は企画する際のリソースになります。実際に「図書館総合展」のセミナーで話を聞いて「ライブラリーマネジメント・ゼミナール」のテーマを思いつき，セミナーの発表者を講師に招いたこともありました。

3 ）フロー情報から

　私たちのまわりには日々，たくさんのフロー情報が流れています。企画のヒントという観点でとらえてみても，毎朝配達される新聞記事，通勤電車の中の各種の広告ポスター，施設のロビーにおかれたチラシやパンフレット，パソコンを開けばメルマガやメーリングリストで送られてくる情報，逐次刊行物や団体のニュースレター，広報誌の記事等々，があります。これらフロー情報はリアルタイムで発信される情報なので，企画のサンプルとして参考にしたり，リソースとして活用したりすることができます。でも，難点は意識してキャッチし，ストックしておかないとどこかに流れ去ってしまうことです。

　ここで 1 つ，フロー情報の代表格，講座やセミナーの案内「チラシ」のスト

ックの方法と企画への活用の事例を紹介します。私が以前，情報担当コーディネーターとして働いていたドーンセンター情報ライブラリーではオープン当初からずっと「チラシ」を，講座やセミナーの担当者から寄せられる企画の相談に応じる「情報提供ツール」として活用しています。その準備として，まず，毎日のようにセンター受付に届くチラシの中から各3部ずつがライブラリーに届くしくみをセンター内でつくっておきます。その後，ライブラリースタッフがチラシに記述されている個々の情報（催しタイトル，講師，主催者，主催団体，施設）をチェックし分類して，項目別にファイリングしていきます。フォルダーやファイルは必要に応じてつくられていきますが，特に下記の3つのファイルは企画担当者から「○○に関する講座を組みたいが講師はどのような人がいるか？」「職場の人権研修でとりあげるテーマをさがしている」「情報活用力をつけるためにはどんな企画をしたら，いいか？」といった相談を受ける時に情報提供ツールとして活用されています。

　参考：図Ⅰ-1　チラシを活用した情報ファイル（p.44）
　　a．人材フォルダー　　　←　講師，パネリスト，ファシリテーター等
　　b．グループフォルダー　←　主催グループ，講師の肩書きにある団体・グループ
　　c．分野別チラシファイル　←　事業タイトル（テーマ別に分類）

　「チラシ」は催しを宣伝するためにつくられたものですが，別の視点でみると企画を"見える化"したものでもあります。ですから，記述されている個々の情報はそのまま，これから企画しようとしている担当者の手がかり，足がかりとして活用できるのです。
　また，チラシ情報の優れたところは，情報が発信されている時期（開催日）が確認できること，必ず連絡先が明記されていること，掲載されている講師プロフィールは本人がチェック済みの，その時点での最新情報であること，です。他にも，全体のデザインや文字のレイアウト等も参考にすることができます。

4）何からでも
　結局，企画のアイデアはその気があれば，"何からでも"得られるというのが結論です。実際に，私たちのまわりにさまざまな情報が行きかっています。それをキャッチして企画づくりに結びつける感性とスキルが企画担当者には必

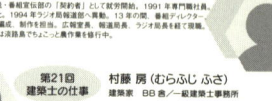

2. 研修を企画・運営する力をつける

図Ⅰ-1 チラシを活用した情報ファイル

c. 分野別チラシファイル
事業タイトル
（テーマ別に分類）

a. 人材フォルダー
講師，パネリスト，
ファシリテーター等

b. グループフォルダー
主催グループ，
講師の肩書にある
団体・グループ

c. 分野別チラシファイル
事業タイトル
（テーマ別に分類）

a. 人材フォルダー
講師，パネリスト，
ファシリテーター等

b. グループフォルダー
主催グループ，
講師の肩書にある
団体・グループ

要ということになります。研修を企画するのにそこまで必要？　と思われるかもしれませんが，必要な情報をキャッチする感性とスキルは今やどんな仕事にも必要です。企画担当者になったことをよい機会として，次のようなことを意識してやってみましょう。

- 担当する企画について考え抜く。悩む。→　自分の中に情報をキャッチするアンテナが立つ。
- 自分がこれと思う情報や思いついたことは，日常的に自分の"リソース・ヒント"ファイルに取り込んでおく。
- 人に会う。ネットワークを広げる。→　広い範囲の人，多様な情報媒体からの情報が得られる。

●企画づくりの手順～何から決めていくのか？

　手順とは，物事をする時の順序を言いますが，企画づくりにも事を決めていく順序があります。何から決めていくのか，①から④のステップにまとめてみました。ここで注意したいのは，①の「対象」「目的」「ニーズ」を明確にしてから，②以降のステップに進むということです。

　企画担当者からの相談を受けて，よくあったのがいきなり②の「内容」から決めようとしていることでした。それは，"食事づくり"に例えると，「誰が食べるのか」「何のための食事なのか。日常食，祝いの食事，来客用？」を考えることなく，料理をつくり始めるようなものです。

① 企画の構成部分を確定する
- 対象（ターゲット）
- 目的（目指すゴール）
- 想定するニーズ

② 内容を決める
- テーマ，タイトル
- 開催日
- 実施方法（講演会，講座・セミナー，シンポジウム，ワークショップ，事例発表会等）
- 講師，出演者等

・規模（定員）
　・会場
　・参加対象者，参加条件
　・主催者
③ 広報計画をたてる
　・広報物，広報手段，広報先等
④ 実施までのスケジュール，担当者，役割分担を決める

2-3　企画から実施までのポイント

　企画から実施までの間には，仕事を進めていく上でいくつかの要所があります。これらの要所をしっかりとマネジメントしていくことが担当者の仕事です。

●予算獲得
　これこそ！　と思える企画がつくれたとしても，それが承認され予算がつかなければ事業として実施することはできません。まずは，予算獲得が第一の要所です。図書館や公的社会教育施設の場合，事業の企画・実施担当者が直接，予算折衝の場に出てヒアリングを受け，説明するということはあまりありません。ですから，企画担当者はまず，予算折衝の段階で叩き潰されない企画をつくること，そして予算折衝担当者が自信を持って説明できるようにわかりやすい参考資料を用意すること，予算折衝担当者を戦略的にサポートすることです。担当外だからと，傍観しているだけにならないようにしましょう。

●講師依頼と確定
　承認された企画をいよいよ実施に向けて進めていく時，最優先課題は講師・出演者を獲得することです。担当者はまず，この要所で勝利をおさめなければなりません。そのためのポイントをいくつか挙げておきます。
１）依頼はできるだけ早い時期にやる
　いくら入念に人選したとしても，相手のあること，すでに予定が入っている

ということになれば残念，講師交渉はそこで終了です。断られる理由でいちばん多いのが，日程が合わないことですから，少なくとも3カ月前ぐらいの余裕を持って講師依頼に取りかかるのがベターです。

2）講師交渉は用意周到，熱意を持ってあたる

　講師交渉は担当者の説明力と説得力で勝負です。講師依頼をする時は，担当者は講師候補者に対して，まず，企画した「目的」「対象」「テーマとニーズ」を的確に伝えて，「何故，講師としてお願いしているか」という理由をきちんと説明できるようにします。そのためには前項の「企画づくりの手順」で述べた，企画の構成部分をしっかりと頭に入れて，自分の言葉で伝えられるようにしておきます。

　間違っても「テーマは何でもいいですから，先生がお話しになりたいことをお話しくださって結構です」などと言わないようにしましょう。実際にはこういう依頼のされ方をしたという話をよく聞きます。私の知人は，「私の方ではそちらへ行ってお話ししなければならない理由も，話したいテーマもありませんが……」と思わず応えてしまったそうです。

　講師を引き受ける側から考えると，"何故，自分が講師候補に挙げられたのか？　何を期待されているのか？"は，引き受けるかどうかを決める時のいちばんの関心事です。つまり，ここが，引き受けてもらえるかどうかのポイントですから，担当者は事前に講師候補者に関する情報収集を十分にしておき，「○○に書かれたものを読ませていただき……」「ご活動に以前から関心を持っていまして……」等々，熱意を持って説得を試みなければなりません。

　講師候補者に関する情報はできるだけ新しい情報を集めるようにしましょう。私自身の経験ですが，10年以上も前に書いた本のテーマで講師依頼を受け，「もう今は，そのテーマはフォローしていません」と断ったことがあります。インターネットで人物情報を収集するのも要注意です。同姓同名の別人のプロフィールで講師依頼を受けたことがあるという話も聞いたことがあります。

3）講師謝金については依頼の時にきちんと金額を伝える

　「講師謝金のことは何も書かれていない依頼メールが来た」「講師謝金は規定の金額をお支払いしますとだけあって，金額は示してなかった」という話を，講師活動をしている人たちからよく聞きます。依頼される側としてはいったん

講師を引き受けると，たとえ1時間半の講義時間だとしても，講義の内容を組み立てたり，レジュメやパワーポイントのスライドをつくったりといった準備に10時間以上の時間がとられることになります。それに見合う謝金の金額かどうか，事前に判断したいのは当然のことです。

　予算化されている講師謝金の金額が低額の場合（たいてい，そうですが），担当者の方も金額を言い出すのに勇気がいるかもしれませんが，やはりきちんと依頼する時に伝えるのがフェアな講師交渉です。

●広報と集客

　「広報」の目的はターゲットとする対象者層に企画の目的と内容がきちんと伝わり，参加しようという気持ちを起こさせることです。

1）研修内容が正確に伝わるように広報する

　特にセミナーや研修の広報物では，取り上げるテーマとそれをどのようなアプローチで学ぶのかを正確に伝わるように表現しておく必要があります。「思っていたのと違う内容だった」「テーマを見て期待していた話が聞けなかった」等の感想は，参加者だけでなく実施した側にとっても残念なことです。

　ひとつ事例を紹介します。ある図書館が，「子育てと本の読み聞かせ」というテーマで子育て中のお母さんを対象にセミナーを企画しました。予想以上にたくさんの参加者が集まったそうです。でも，終わった後のアンケートには「知りたいことを話してもらえなかった」「期待していたことと違っていた」という感想が半数近くあったと聞きました。何故でしょうか？　企画の内容は，講師に子どもの成長に本が与える影響・効果を話してもらい，その場で本の読み聞かせの実演をしてもらうというものでした。でも，参加者が知りたかったのは読み聞かせる本の選び方や，自分が子どもに本を読んでやる時のハウツーだったのです。このケースは企画の際に，ターゲットとする対象（小さい子どもを育てている母親）のニーズに対するマーケティング不足もありますが，テーマ（タイトル）の呼びかけ文（内容紹介）が参加者に"自分の子育てにすぐに役立つハウツーが学べる"という期待を抱かせた可能性があります。

　そういったミスマッチを避けるためにも，研修企画の場合は，テーマ（タイトル）に3行程度の研修内容紹介（どんなことを，どのように学ぶのか）を添

えて広報する等の工夫が必要です。

2）伝えたい相手に，伝わるように広報する

　セミナーや研修企画の広報は，最終目標は「集客」です。そのためには参加してほしい対象者に確実に案内情報が届かなければなりません。研修会の場合，あらかじめ対象館が決まっていて，その施設宛てに案内文書を送っておけばそれでいいということになりがちです。しかし，参加してほしい対象者に届いているかどうかわかりません。担当者は参加申し込みの状況を随時チェックしながら，機会をとらえて"誘う"広報活動に努めましょう。

2-4　準備と運営のためのマニュアル

　作業マニュアル兼チェックリストです。自分の仕事用にカスタマイズして使ってみてください。

●講師とのコミュニケーション

① 依頼する時：熱意を持って交渉する
- □ 自己紹介をする（所属，職務，氏名）。
- □ 講師依頼であることを，最初に伝える。
- □ 何故，講師としてお願いしたいのか，何を話してもらいたいかを伝える（企画テーマ，目的，方法，講師として人選した理由）。
- □ 日時，会場，参加者対象者について伝える。
- □ 謝礼について金額を依頼の段階できちんと伝える。

② 承諾を得たら
- □ 感謝を伝える。
- □ 企画タイトルを伝え，講師としての希望を聞く。
- □ 当日までのスケジュールを伝える。
  - ＊プロフィール，レジュメ等の提出期限，広報開始時期等
- □ 連絡方法，連絡先（講師及び担当者）の確認
- □ 依頼状の有無，送り先，形式等の確認

③ 途中の連絡
- □ 講師依頼状，講師派遣依頼状を送る。
- □ 講師プロフィール，レジュメ，配布資料等の送付をお願いする。
- □ 広報物が出来たらすぐに送る。
- □ 参加者の応募状況，参加者プロフィールを伝える。
- □ 当日の進め方について打ち合わせをする。
- □ レジュメ，配布資料，準備する備品等について確認する。
    - ＊期限を過ぎたら催促する
- □ 会場と交通手段，所要時間，緊急連絡先について知らせる。
    - ＊講師がどの交通手段を使うかあらかじめ聞いておく
- □ 開催１週間前までには連絡をとり，当日の予定を確認する。

④ 当日
- □ 施設内職員全員に当日の事業と講師の来訪を周知しておく。
- □ 講師の案内・応接担当者を決めておく。応接の場を用意する。
- □ 講師を関係者に紹介する。
- □ 参加者の状況を伝え，司会進行担当者と講師が進行の最終打ち合わせをする。
- □ 録音，写真撮影，ＨＰでの提供をするときは必ず事前に許諾のお願いする。
- □ 謝礼の支払い（手続き）をする。
- □ 感謝を伝え，見送る。

⑤ 終了後
- □ すみやかに礼状を出す。
    - ＊アンケート結果や参加者の感想などを添え，講師にフィードバックする

●会場準備
① 事前準備
- □ 日程が決まり次第，すみやかに会場を予約し，使用申込み（必要備品も）を済ませる。

□ 会場の設備，備品，利用規則を把握し，使用する機器の操作法等について会場施設の担当者と打ち合わせをしておく。
② 当日
　　□ 受付開始前に1時間〜2時間程度（規模に応じて時間延長）の準備時間をとっておく。
　　□ 会場の設営をする（机の配置，演壇，受付コーナー等）。
　　＊会場の定員に対して，参加者数が少なかった場合は不要な机と椅子は片付け，たくさんの空席を作らないようにする
　　□ マイク，プロジェクター等の機器のチェックをして，正常に動くことを確認しておく。
　　□ 会場となる施設内に，わかりやすい案内サインを掲示する（用意しておく）。
　　□ 終了後は指示どおりの片付けをする。
　　＊後片付けの時間も使用時間内に行わなければならない施設もあるので，時間配分を考えておく

●運営に関わる担当者の役割
① 総括責任者
　　□ 当日の実行スタッフの役割分担・動静を把握し，指揮する。
　　□ 全体の進行を見ながら，必要に応じてスタッフの動きを助ける。
　　□ アクシデントへの対応，調整・決断・指示
　　□ 講師の応接
② 司会進行役
　　□ 会場や受付の準備状況，タイムスケジュールを確認・点検する。
　　□ 講師に，参加者や進行，配布資料について必要な情報を伝える。
　　□ 参加者を「場」にあたたかく迎え入れ，緊張がとけるようにする。
　　□ 開会し，会の目的や進め方，配布物に等のオリエンテーションをする。
　　□ 講師を参加者に紹介する。
　　□ 講師の講義と参加者の反応を，プログラムの企画意図と対応させながら観察する。

- □ 開催中の進行管理。タイムキーパーになる。
- □ ワークショップでは参加者全員がワークに積極的に参加できるように補助する。
- □ 開催中，会場内で起こるトラブルに対処し，解決する。
  * 機器の不調，進行の妨げになる参加者の言動，参加者の体調不良等
- □ 参加者に必要な連絡事項を伝え，講師への謝辞を述べ，閉会する。

③ 運営スタッフ
- □ 会場の設営をする。機器操作チェック
- □ 配布資料，必要な用品の準備
- □ 受付業務（参加者の受付，配布物を渡す，参加費の徴収など）
- □ 運営の補助（録音，写真，機器操作，配布等）
- □ 連絡係
- □ 会場の片付け
- □ 運営事務（参加費の領収，参加者の出欠管理，アンケート回収，）

● **実施後の事務処理**
- □ 参加者アンケートの集計と分析
- □ 実施内容の要約の作成
  * 実施結果の広報用，ホームページへの掲載等
- □ 事業実施報告（決済用）の作成
- □ 講師への礼状の作成と発送
- □ 事業評価シートへの記入
- □ 事業実施関係資料のファイリング
  * 次の企画のリソースとして利用できるように整理してファイルする

3. 研修プログラムの企画・運営事例
～「ライブラリーマネジメント・ゼミナール」(LMゼミ) 2004-2013 ～

　本節では，人と情報を結ぶＷＥプロデュースが主催している「ライブラリーマネジメント・ゼミナール」（ＬＭゼミ）の企画・運営について具体的に紹介し，研修プログラムの企画・運営のノウハウとして活用できるように構成しました。

● 「LMゼミ」の成り立ち
　ＬＭゼミの始まりは 2004 年です。大阪で，図書館に関わる活動で知り合った筆者の尼川と丸本郁子が "図書館を活性化させたい。そのために図書館員が外に向けてもっとポジティブに戦略的に活動できるようになってほしい" という思いを共有したことが出発点になりました。

　2人は，すでにリタイアして現場を離れたライブラリアン＆事業企画コーディネーターと教員でしたが，今，現場にいる図書館員たちを応援するために，お互いのキャリアを活かして「マネジメントの観点とスキルを身につけるための教育プログラム」を企画し，研修の場をつくろうと話し合いました。

　研修スタイルは，参加者が実践的に自らの課題に取り組めるように参加型で，共に学び合い，ＯＪＴの場にもなるように少人数の「ゼミナール形式」を考案しました。「研修」の名称は "マネジメント" というコンセプトが伝わるように，「ライブラリーマネジメント・ゼミナール」（LMゼミ）とすることに決め，LMゼミを主催する団体として，尼川が代表になって，新たに「人と情報を結ぶ WE プロデュース」を発足させました。

　以来 10 年間，ボランタリーな活動として図書館員のためのマネジメント研修プログラムを独自に開発し，LMゼミ育ちの少数精鋭運営メンバーと共にライブラリーマネジメント・ゼミナールを開催し続けています。

LMゼミがなぜ，10年も続いているか？　この項の中で，そのことが明らかになるよう願っています。
＊2004-2013年（8回）のLMゼミプログラムは，p.76～85に掲載。

3-1　プログラムはどのように組み立てているか？

　LMゼミは，「1人ひとりの図書館員がマネジメントの視点と手法を獲得し，それにより図書館の活性化を図る」ことを目標に開催しています。毎回のプログラムはその「目標」に到達することを目標に多角的にテーマを設定しますが，「目標」が常に縦軸として貫かれるように意識してプログラムを組み立てています。

● 参加者を想定して
　広くは，図書館・情報センターの現場で働く職員，図書館業務受託会社スタッフを対象者としていますが，実際には参加対象者をさらに立場やニーズで区分し，ターゲットを想定して，各回のLMゼミプログラムを開発しています。
　例えば，2008・2009年に実施した「中間管理職のためのライブラリーマネジメント」では，プログラムのタイトルに対象者（中間管理職）を入れ，2011年「カウンターサービスのマネジメント」では，対象者を図書館及び公的施設のカウンター業務担当スタッフ，カウンター業務統括者と明示して参加者募集をしました。
　参加対象者を具体的に想定することで，プログラムのテーマが決めやすくなり，広報も的をしぼって効果的にやれます。今までのLMゼミでは参加対象をしぼったプログラムの時の方が，参加希望が多く，充実した，参加者満足度の高いゼミナールになる傾向がありました。

● テーマの決め方
　LMゼミプログラムのテーマは，プログラムの総合コーディネーターの尼川が素案をつくり，ファシリテーターの丸本郁子と検討を重ね，運営スタッフの

意見を聞き，最終的に決定します。みんなで集まって一から考えるのではなく，まず1人（尼川）がプランナーとしてテーマ案を含めた企画づくりをして，それをLMゼミプロジェクトチームで改良していくというやり方です。

　順序としては，まず，図書館をめぐる状況や現場の「課題」をキャッチして，その課題を「マネジメント」の枠組みでとらえ直し，研修プログラムとして組み立てられるどうかを検討した上で，テーマとして決定します。

　例えば，2008・2009年に企画した「中間管理職のためのライブラリーマネジメント」プログラムは，2007年ＬＭゼミの参加者の「なかなか上司としてふるまえず悩んでいます」という参加コメントをきっかけに企画しました。

　また，2012年ＬＭゼミの「統計データ（評価）を読み解き，計画・企画に活かす」というテーマは，複数の図書館員から「色々とっている図書館統計のデータの分析法や効果的な活用方法を学びたい」という声を聞いて，講師と協働でプログラムを開発しました。

　LMゼミ企画担当，尼川の日常的な「課題」キャッチの情報収集法を，以下に紹介します。

- テーマ（課題）をキャッチするアンテナは常時立てておく。気になるテーマがあったら関連する情報を集めておく。
- 図書館をいつも外側から見て，利用者目線で課題をとらえる（図書館ウォッチング）。
- 機会があるごとに，参加対象者のマーケティングをする（LMゼミ参加者の受講動機やコミュニケーション・シートの分析，ライブラリースタッフのスーパーバイズをする時や，図書館関係の集会，飲み会等で話を聞く，等々）。
- よく取り上げられているテーマを把握する。取り上げられていないテーマを見つける（図書館関係の記事，事例報告，調査報告，図書館関係答申・施策，図書館及び関連分野の催し案内，大学の広告，ビジネス書等）。

●講師の決め方

　講師は２つの方針で人選しています。１つは，意識して図書館以外の職域から講師を探します。それは，異業種の経営や活動の中にライブラリーマネジメ

ントに活かせるノウハウがすでにたくさん蓄積されているからです。視野を広げてマネジメントの方法や仕事の進め方を学ぶために，今まで，行政職員管理職，経営コンサルタント，書店店長，ＮＰＯ活動家，舞台美術家，カウンセラー，人材派遣会社経営者を講師に招きました。

　もう1つの方針は現場にいる図書館員に講師になってもらうことです。参加者にとって，同じ立場や環境にある"仲間"の実践事例はケーススタディとして受け入れやすく，また"自分もやってみよう。やれるかもしれない"という，やる気につながります。LMゼミの参加者にも，次の講師になってもらう機会を意識的につくっています。

　講師人材はプログラムテーマに関わる専門知識，スキルや実践事例を提供できる人という基準で探しますが，講師としての話術，プレゼンテーション力も，講師選びの重要なファクターにしています。そのために，講師に招きたい人の講演や発表はできるだけ聞きに行くことにし，インターネットの情報や書かれた文章だけを読んで決めるということはしないようにしています。

●企画の趣旨

　ＬMゼミプログラムは総合テーマと個別テーマ（3～5コマ）で構成していますが，企画趣旨は毎回作成する「案内チラシ」の中で，簡潔な呼びかけ文にしています。そこでは，企画の背景となる「問題意識」とそれをどのような「アプローチ」（個別テーマ）でプログラムとして展開しているかが伝わるように記述します。

　以下に，今迄に実施したLMゼミの「呼びかけ文（趣旨）」だけをまとめてみました。

> ◆ライブラリーの活性化をめざして（LMゼミ2004）
> 【趣旨】ライブラリーの活性化のためには今，能動的，創造的，そして戦略的なライブラリー活動が求められています。その担い手はライブラリースタッフです。1人ひとりのライブラリアンが，ライブラリーマネジメントの視点と手法を身につけることを目標に，館種を越えて共に学びあい，活性化の方策を考えます。

◆コミュニティの活力源になるライブラリーをめざして（LMゼミ2006）
【趣旨】ライブラリーとそれを取り巻くコミュニティは"共存共栄"の関係です。情報を組織化して提供できるライブラリーがコミュニティの活力源になることをめざし，そのためのライブラリーマネジメントを考えます。

◆ライブラリーの可能性を拓く（LMゼミ2007）
【趣旨】ライブラリーにはまだまだ開発されていない，色々な可能性があります。コミュニティ，組織，社会の活力源になるライブラリー＆ライブラリアンをめざして，"可能性"を"実現性"に変えるライブラリーマネジメントを「ビジョンと運営」「パブリクリレーションズ」「意識改革と戦略」の3つのアプローチで考えます。

◆中間管理職のためのライブラリーマネジメント
　〜ライブラリーも自分も元気に（LMゼミ2008）
【趣旨】ライブラリーの仕事はチームワーク。中間管理職にはその要として，統率力，仕事力，コミュニケーション力が求められます。しかし，その能力をどうやって身につけたらいいか……。管理職として抱える悩みや課題を共有し，マネジメントの観点でそれを見直し，ライブラリーも自分も元気になる道を探ります。

◆中間管理職のためのライブラリーマネジメント
　〜動きをつくる（LMゼミ2009）
【趣旨】図書館の活性化は外に見える動きを作りだすことから始まります。所蔵する情報・資料（コレクション），スタッフ，図書館空間という3つの資源を活かして，"動きを作り出す"ライブラリーマネジメントを学びます。

◆カウンターサービスのマネジメント
　〜良いチームワークで，良いサービスを！（LMゼミ2011）

【趣旨】カウンターは図書館サービスの最前線，ホテルでいえばフロントの役割です。利用者の図書館への親しみ，信頼，満足はカウンターサービスの良し悪しに左右されます。現場の課題を取り上げながら，"良いチームワークで質の高いサービス"を提供するためにカウンタースタッフのスキルアップをめざし，コミュニケーションマネジメントについて実践から学びます。

◆図書館員のキャリア開発
　～今，必要とされる能力を高める（LMゼミ2012）
【趣旨】図書館をめぐる環境が激変し，図書館にも新たなサービスが求められています。変化に対応し，ポジティブに仕事に取り組んでいくために図書館員の自己能力アップとスタッフの養成・能力開発を応援する研修プログラムです。

◆つながりあう，連携・共同の
　ライブラリーマネジメント（LMゼミ2013）
【趣旨】利用者を待つ図書館から多様な主体とつながって外へ活動を広げる図書館へ，自治体や大学の"単独"運営からアウトソーシングの導入による民間との"共同"運営へと，図書館は変化していきつつあります。変化に対応し，新たに生じる課題に向き合い，一歩進んで"つながりあう"ためのマネジメントを現場視点で考えます。

3-2　研修スタイル，ゼミナールの進め方

●研修スタイル
　よく行われている研修スタイルとしては，定員50人～80人で講師の話や事例発表を聞き，質疑応答やグループで情報交換をして終わるという研修会が多いように思います。研修スタイルは募集する定員数で制約を受けるので，

Ⅰ部　スタッフもチームも組織も元気に　│　**59**

LM ゼミではあえて，定員 25 人前後の少人数のゼミナールという研修スタイルをとってきました。
　それは，私たちが以下のようなコンセプトで図書館員に研修の場を提供したいと考えたからです。
- マネジメントを知識として学ぶのではなく，自分の職場の課題解決や新たな実践に活かせるように学ぶ。→　現場で実践する。
- 職場でなかなかできない OJT や参加型の学び，相互学習と評価の場を提供し，互いに能力を高めあう。→　ポジティブに変化に対応できる図書館員になる。

　このコンセプトを基に，参加型で OJT の場にもなり，参加者 1 人ひとりの問題解決力，スキルアップを教育的にサポートできる研修スタイルとして，少人数ゼミナール形式という研修方法を独自に開発しました。

● **ゼミナールの進め方**

　LM ゼミは毎回，日曜日の午後 1：30 〜 17：00 まで，3 時間半の時間を使って開講しています。時間割は前半 60 〜 70 分がレクチャーで，途中 15 分程度（茶菓付き）の休憩タイムをはさんで，後半はワークショップ 100 分前後（プレゼンテーションを含む），そして最後 30 分でのワークの講評，ゼミ全体のまとめをし，参加者はコミュニケーション・シートの記入をして終了となります。
　ゼミナールはほぼ毎回次のような内容と流れになっています。

① **事前課題**：テーマに関連して，参加する前に準備してもらう「課題」を出す。
　　例）「自分の館で企画したいテーマ，対象，内容を考えメモを作ってきてください」
　　　「自分の図書館のエントランス，カウンターの写真を撮り，Ａ４判 1 枚にまとめて持ってきてください」
　　　「自館でとっている統計項目の中で，活用したいデータと何に活かしたいかを一つ考えてきてください」など
② **レクチャー**：テーマについて講師によるレクチャー。60 分〜 70 分程度。

レクチャーはテーマに関して参加者の理解を深めると同時に後半のワークショップの導入部分になる。
③ **ワークショップ**：取り上げたテーマに即したスキルの獲得につながるワークを行う。個人ワークとグループワークを組み合わせて，ワークの課題に取り組む。
④ **プレゼンテーション**：ワークの結果を1人1人，またはグループ単位でプレゼンテーションする。タイマーを使って発表時間を管理。定められた時間内に簡潔に，わかりやすく伝えるトレーニングの機会になる。
⑤ **ワーク結果評価**：「評価シート」を使って参加者同士で互に評価し合ったり，ファシリテーター・講師からの教育的評価を受ける。
⑥ **参加者からの評価**：毎回記入時間をとって，全員がLMゼミの評価をコミュニケーション・シートに記入する。
　＊コミュニケーション・シートサンプルはp.69に掲載
⑦ **事後課題（宿題）**：LMゼミ時間内で「課題」が十分に消化しきれなかった時や，各自のワークの完成形をシェアしたい時には，事後課題（宿題）として期限をつけて提出してもらう。
⑧ **フォローアップ**：コミュニュケーション・シートを集計し，全員の評価の統合版を作成し，主催側のコメントを記入して参加者全員に送信する。事後課題がある場合は提出されたワークシートに，講師及びファシリテーターが個人別に評価コメントを入れて，参加者にフィードバックする。

●講師と協働でプログラムを完成させる

　LMゼミでは，講師はプログラムを共に完成させていくパートナーと位置づけています。ですから，テーマを伝えてレクチャーの中身はおまかせというやり方はせずに，プログラムコーディネーター役の尼川が何度も講師と打ち合わせをして，一緒にレクチャーの内容とワークの流れを作っていきます。毎回，講師とは以下のようなステップを踏んで，調整していきます。

① 講師にLMゼミのコンセプト，過去の活動，進め方，テーマの企画意図，レクチャーで教示してほしいポイントを伝える。

② 参加者について理解してもらうための情報を提供する（参加予定人数，参加者のプロフィール，参加動機，テーマについての関心，問題意識，ニーズなど）。
③ 開講日の 10 日前ぐらいまでに，講師にレクチャー及びワーク（ワークも担当してもらう場合）のポイントとレジュメ案を提示してもらい，検討する。
④ 講師から提示された案を企画・運営側の目線で見て問題提起や提案をし，調整する。

◎レスポンスの具体例
　・レジュメが内容豊富で分量も多いので，70 分のレクチャータイムで消化できるか少し心配です。ご検討お願いします。
　・ワークに入る前に，ワークの目的やワークシートの書き方などオリエンテーションの時間を 15 分ほどとっていただいた方が，参加者がスムーズにワークに入れると思いますがいかがでしょうか？
　・個人ワークを全体でシェアする時間がありませんが，参加者は他のメンバーのワーク結果（アイデア，企画）を共有したいと希望すると思います。何か工夫できるでしょうか？

◎ワークの共同開発例
　・カウンセラーを講師に招いて「利用者対応」に関するレクチャーとワークをしてもらった時には，事前に図書館で実際起こっているトラブル事例を運営スタッフが手分けして集めて，講師に提供し，それを基に講師が構成事例をつくるという共同作業でワーク（ロールプレイ）を組み立てました。結果，とてもリアリティのある実践的なワークができました。

⑤ 当日の進行，ワークのグループ分け，配布資料やワークの教材，使用機器，運営スタッフのサポート体制等について打ち合わせをし，最終確認をする。

3-3　ワークショップの組み立てと進め方

LM ゼミでは，ワークは「目標・目的」「手法」「手順」，「結果の評価」の 4

つの要素で構成しています。各回のワークショップの組み立てとワークシートの開発は，ファシリテーターの丸本郁子が主に担当し，講師と協働してレクチャーとワークが効果的に結びつくように調整します。

●ワークショップの組み立て例

以下は，LM ゼミ 2008「管理職とは何かを考える」のワークショップの事例です。

〈目的と手法〉

目標は「管理職とは何か・自分はどうありたいか」を考えること。手法としてケーススタディを用いる。

〈ワークの手順〉

① 講師のレクチャーを聞く。
② ワークシートの各項目について，自分はどう考えるかを記入する。
③ 皆の前で，考えを発表しあい，意見を交換する。
④ 統合したワークシートを作成し，考えを共有する。

〈獲得してほしいスキル〉

①「管理職とは何か」を理論的に考察する。
② コミュニケーション・スキル（人の話を正確に聞き取る，話の要点を短時間でまとめてメモする，自分の考えを簡潔・明瞭に発言する，人の発言を聞き自分の考えとすりあわせる）

参考：「管理職の条件」ワークシート（p.63）

●ワークショップの進行

① ワークショップは最初 15 分ほどで，ファシリテーターがワークの目標，進め方，タイムスケジュール，ワークシートの書き方についてオリエンテーションをします。
② 参加者は，あらかじめ決めておいたグループ分けでチームをつくりますが，ワークショップではこのチームは 1 つのプロジェクトと位置づけています。
③ チーム内で進行役，タイムキーパーを決め，時間内にワークの目標が達成

「管理職の条件」ワークシート

　講師の「私的管理職の条件」を出発点とし，自分の職場で必要とされるリーダーシップのあり方，自分はどうありたいかを考えてみましょう。
　まず，講師のそれぞれの条件について，あなたの思いを次の記号から選んでください。
　　○　共感する，自分の条件としたい
　　△　自分には難しい
　　×　自分の職場では不要
　次になぜそう考えるか，自分の職場ではこうだ，自分はこうありたい，などを書きいれてみましょう。

1	自分の仕事は何か　わかっているか 　あなたの仕事・役割は？	○	△	
2	矢面に立つ覚悟はできているか	○	△	×
3	けんかを売れるか　買えるか 　あなたのけんかの相手は？	○	△	×
4	自分のチームを好きになれるか	○	△	×
5	部下を信頼して任せられるか	○	△	×
6	人に嫌われても平気でいられるか	○	△	×
7	上司にたてつくことができるか	○	△	×
8	トラブルは成長の糧と思えるか	○	△	×
9	自分のスタイルを創れるか 　講師のスタイルを表現すると？ 　あなたのスタイルとは？	○	△	×
10	孤独に耐えられるか	○	△	×
11	あなた自身の管理職としての条件			

できるようにそれぞれに進行管理をしながらディスカッションや共同作業をします。必要な場合は各チームに1つずつタイマーを用意することもあります。
④ グループワークはそれぞれのチームを運営スタッフがサポーターとして見守ります，必要なサポートをします。
⑤ 個人ワーク，グループワークの後は，その到達点を全体で共有するためにプレゼンテーションタイムをとります。全員が1人ずつ発表する場合とグループのワーク結果をまとめてプレゼンテーションする場合があります。
⑥ プレゼンテーションは1分～3分という制限時間を設け，時間が来たら途中でもストップしてもらいます。「厳しい」という声が上がることもありますが，このプレゼンテーションタイムは"話の要点を短時間でまとめて明瞭に話す"トレーニングタイムでもあります。

●ワークショップのツール

　参加者が自分の考えをまとめたり，共同作業がしやすいように，ワークの目的に合わせたオリジナルの「ワークシート」をワークショップのツールとして，開発しています。LMゼミで制作・使用したワークシートをサンプルとして掲載します。

　サンプル①は「LMゼミ2007」第1回，『アカデミーヒルズ六本木ライブラリーの挑戦』のワークショップで使用したワークシート，サンプル②は「LMゼミ2011」の第3回『カウンター業務のコミュニケーションマネジメント』参加前の事前課題ワークシートです。

サンプル①
「マネジメントの基本要素」ワークシート

　レクチャーをもとに，アカデミーヒルズ六本木ライブラリーが成果をあげている要因は何かを意識し，情報センター（ライブラリー）マネジメントの基本的要素は何かを考えてみましょう。

Example 六本木ライブラリー	Recipe マネジメントの要素
E1 六本木ライブラリーの 　　基本理念（コンセプト）はなにか	R1 「私の図書館」の基本理念 　　（役割）はなにか 　　　　どうありたいか
E2 理念を形にすると	R2 戦略のポイント 　　　その戦略は
E3 印象的であった資質・スキル	R3 マネジメントに必要な 　　　　資質・スキル

サンプル②
カウンター業務のコミュニケーションマネジメント

　カウンター業務のマネジメントに焦点を当て，それぞれの館の取り組みを交流し，よりよい方策を考え合います。

　事前準備として，まず，自分の館の現状がどうであるかを書きだしてみてください。分かる範囲でけっこうです。記入して当日お持ちください。

◇うちのカウンターサービスを評価すると　　　高 5 4 3 2 1 低
◇うちのカウンターマネジメントを評価すると　高 5 4 3 2 1 低

カウンタースタッフ　＿＿＿＿名　常勤　嘱託　派遣　委託　アルバイト　ボランティア 勤務体系
チーム統括者（コーディネイター　）の役割
カウンター業務内容
情報共有システム（業務伝達，申送り法，ミーティング……）
問題解決システム（危機管理，クレーム対処，見直し，提案……）
スタッフの能力UP，研修システム
仕事のモーティベイション維持・アップ法
カウンターのお役立ちグッズ （案内リーフレット　配置図　業務マニュアル……）
うちのチームのサービスの"売り"（特徴，長所，自慢）

あなたの立場
　1）カウンター・スタッフ　2）カウンター業務責任者（名称：　　　）

3-4　参加者とのコミュニケーション

　LMゼミは，現在までに8回開講し，延べ300人余が参加しています。当然のことながら，参加者なしではLMゼミは成立しません。まず，参加者は参加費を払うということでLMゼミの運営の根底を支えていますが，ゼミナールの成否も参加者の参加度にかかっています。

　自費で，自分の休日を使ってLMゼミにやってきた，参加意欲の高い参加者たちです。その参加意欲が，ゼミナールの場でテーマに関して自分の発想や知見，問題意識，実践や工夫を積極的に発表しシェアする，トレーニングに取り組むといった参加度として発揮されるように，運営側としていくつかのしかけをしています。

●参加コメント，事前課題

　参加前の働きかけです。テーマに対して問題意識や学ぶ目的を持って参加してもらうために，参加申込の際に，参加コメント（学びたいこと，職場でかかえている課題）を書いてもらいます。この参加コメントは運営側がゼミのレクチャーやワークの内容を調整するのに役立っています。それと，テーマに関して事前課題を出し，参加前に準備をしておいてもらうことです。自分が抱える問題や課題を「見える化」することや，テーマに関して事前に考えておくことで，参加者はゼミの場で多くの情報やアイデア，知恵，ノウハウを出し合うことができます。

●コミュニケーション・シート

　ゼミナールの最後に記入してもらう質問用紙を「参加者アンケート」とせずに，主催者と参加者の協働でよりよいＬＭゼミにしていくためのコミュニケーションと位置づけて，「コミュニケーション・シート」としています。

　参加者は「コミュニケーション・シート」で，ゼミの評価（レクチャー，ワークショップ，運営・進行）をし，自分が学んだことやワークを通して他の参加者から学んだことをコメントし，自分の参加度，他の参加者の参加度を評価

します。そして，ゼミ・ファシリテーターが，「コミュニケーション・シート」の全員の分を集約し，主催者からのレスポンスを加えた「統合版」を作り，ゼミ終了3日後をめどに参加者全員に配信することにしています。提出された「コミュニケーション・シート」にはコメントがびっしりと書き込まれ，統合版にするとA4判で4～8枚にもなるほどです。

　ゼミナールの成果物でもある，「コミュニケーション・シート統合版」は参加者同士が他のメンバーの評価やコメントから自分が気づかなかった新たな側面やアイデアを得ることができて，ゼミの学びを互いに進化させる役割を果たし，また，館種を超えて連帯意識が生まれるきっかけにもなっています。

　参考：「コミュニケーションシート」サンプル（p.69）

● 参加度・貢献度を評価

　参加者に参加度・貢献度を意識してもらうために，「コミュニケーション・シート」の中に，自分自身と他の参加者とそれぞれの参加度・貢献度を評価する項目を入れているのも"しかけ"の1つです。

　LMゼミは，運営側のさまざまな働きかけと参加者の参加度の高まりが響き合って，プログラムの効果を上げているといえます。

3-5　LMゼミの運営

● 資金と経費

　LMゼミ開催のための資金は，第1回開催時に当時，神戸で活動していた「ウイメンズ・シンクタンク　ユイ」から5万円の助成金を得た以外は，ほぼ毎回，参加者の参加費だけで運営しています。参加費は1回3,000円で，全回参加者は少し割引きをします。LMゼミ（3～5コマ）の開催にかかる経費は約20～26万円ですから，毎回，最低ラインとして23人の参加者を集めることが必要です。

　LMゼミを始めてから数年間は定員に達せず，必要経費をまかなうのが大変でしたが，最初に立ち上げ資金として得た5万円の助成金があり，また，ここ

ライブラリーマネジメント・ゼミナール 2012
第2回　コミュニケーション・シート　　　　2012.8.26

記号に○をつけ，コメントをお書きください。

内容　「統計データを読み解き，計画・企画に活かす！」
1　レクチャーの内容はいかがでしたか。どこが参考になりましたか。
　　1）よかった　　2）普通　　3）不満足
　　[コメント：　　　　　　　　　　　　　　　　　　　　　　　　　]
2　ワークショップの内容はいかがでしたか。
　　1）よかった　　2）普通　　3）不満足
　　[コメント：　　　　　　　　　　　　　　　　　　　　　　　　　]
3　今回のゼミナールの企画，進行，運営はいかがでしたか。
　　1）よかった　　2）普通　　3）不満足
　　[コメント：　　　　　　　　　　　　　　　　　　　　　　　　　]

参加度・貢献度
4　ゼミナールは参加者の自発的参加や貢献が大切な要素です。
　　あなた自身の参加度・貢献度を評価してください。
　　1）積極的　　2）普通　　3）不十分
　　[コメント：　　　　　　　　　　　　　　　　　　　　　　　　　]
5　他の参加者の参加度・貢献度はどうでしたか。
　　1）積極的　　2）普通　　3）不十分
　　[コメント：　　　　　　　　　　　　　　　　　　　　　　　　　]

参加の動機
何を見て，またどなたの勧めで，このゼミナールを知りましたか。
　　1）知人　　2）上司・同僚　　3）WE プロデュース HP
　　4）メーリングリスト（　　　　　　　　　　）
　　5）メルマガ（　　　　　　　　　　）
　　6）その他（　　　　　　　　　　）
あなたの働く図書館のタイプはどれですか。
　　1）大学・短大図書館　　2）公共図書館　　3）専門図書館
　　4）学校図書館　　5）その他（　　　　　　　　　　）

　　　　　　　　　　　　　　　　　　　　　　ありがとうございました。

数年は参加者が着実に増え，今まで毎回赤字を出すことなく運営できています。
　経費の内訳は大きくは，①講師謝金（講師，事例発表者，ファシリテーター等）②会場費，③ゼミナール運営費（教材費，消耗品，通信費，雑費，ゼミ茶菓代，運営スタッフ交通費等）です。そのうち①講師謝金が経費全体の75%を占めますが，図書館現任者に対して良質の教育プログラムを提供する時の最優先の必要経費と考えて，当初からレクチャー＆ワーク講師には交通費別で2万円〜5万円の謝金が支払えるように予算化しています。
　よく，ボランタリーな活動では講師にも"ボランティア"をお願いしたりしがちですが，私たちは必要経費としてきちんと予算化し，それに見合った収入（参加費等）を確保するというやり方をとってきました。結果として，多分野から最適の人材を招くことができ，活動を"右肩上がり"に進めてくることができたと思っています。

● **広報と集客**
　広報と集客には大変苦労しました。いちばんの困難は，広報するべき対象は誰か，その人たちはどこにいるのかはっきりとわかっているのに，そこへ届けるルートがなかったからです。ネットワークされた組織の中で行われる職員研修の場合はすでにできている広報ルートを使って，案内文書を送るだけで集客できますが，立ち上げたばかりで誰も知らない「人と情報を結ぶＷＥプロデュース」の場合はそれがありません。
　「ＬＭゼミ」広報チラシも500枚近くつくりましたが，届けられるところは知人がいる図書館だけという有様で，結局，とった手段は「口コミ」でした。長く，日本図書館協会利用教育委員会のメンバーとして活動してきた丸本の人脈と尼川が女性センターで培った情報担当者の人脈を使って，参加してほしい人たちに直接呼びかけて誘いました。また広く伝える手段として，日本図書館協会『図書館雑誌』の「告知板」への案内記事掲載，図書館関係者のメルマガ，メーリングリストへも可能なかぎり投稿しました。
　結果，第1回「ＬＭゼミ2004」には，この2種類のルートで19名の参加者を得ることができました。主催者側としては，"宝物"のような参加者でした。そして，この第1回の参加者がその後，運営スタッフになっています。

広報手段としては，その後2008年に「人と情報を結ぶＷＥプロデュース」のホームページを立ち上げ，過去のＬＭゼミプログラムも掲載して参加者募集をするようにしました。また，2007年，2009年，2010年にＬＭゼミの成果を「本」として出版した結果，「本を読んだ」→「ＷＥプロデュースに関心をもち，ＨＰにアクセスした」→「ＬＭゼミを知った」→「参加申し込」という，新たな広報・集客ルートが生まれました。それが確認できたのは「ＬＭゼミ2009」以降で，この回から東京，愛知，広島と遠方からの参加があり，その後も青森，九州と広域からの参加者が増えてきています。

広報の効果を確かめるために，毎回，コミュニケーション・シートに「何を見て，またどなたの勧めでＬＭゼミを知りましたか？」という項目を入れていますが，直近の「ＬＭゼミ2012」では次のような結果がでています。①知人（9名），②上司・同僚（10名），③ＷＥプロデュースＨＰ（9名），④メーリングリスト〈トサケン，ＪＬＡ，専図協〉（4名），⑤メルマガ〈ＪＬＡ，カレントアウェアネス，ドーンセンター〉（3名），⑥その他〈尼川さんよりメール，ＷＥプロデュース関係者からのメール，『図書館を演出する』のワークショップに参加して感銘を受けたため，昨年の関係者からすすめられ〉（5名）

このように，参加者がＬＭゼミへアクセスするルートは多様になってきていますが，変わりなく，"人"が"人と情報（ＬＭゼミ）を結ぶ"という広報・集客が主流であることがわかります。

ＬＭゼミの広報・集客は今も尚，最重要課題で，毎回，運営スタッフが協力して気を抜かずに取り組んでいます。

●運営メンバー

LMゼミの主催は「人と情報を結ぶWEプロデュース」ですが，プログラムの企画・運営は，毎回「LMゼミプロジェクト」を立ち上げて行っています。メンバーは5名で，うち3人が過去のLMゼミの参加者です。

運営メンバーはそれぞれに仕事を持ち，忙しい中でのボランティアなので，"負担にならない，楽しみがある，自分も学べる"をモットーにしています。メンバー全員が集まってのミーティングは1回だけにし，後はゼミ開講1時間前に集合して，最終打ち合わせをします。それ以外はメールで情報共有しなが

ら，自主的に動いています。メンバーそれぞれが培ってきたキャリアや得意分野を活かし合って，毎回よいチームワークで活動できていると自負しています。

メンバーは各人，次のような役割を担ってLMゼミの運営に関わっています。

① プログラムコーディネーター

　プログラムの企画・総合コーディネート，スケジュール管理，予算管理，講師交渉・連絡調整，参加者連絡，ゼミ運営の統括など。

② ファシリテーター

　プログラムの企画調整，教材・ワークシートの開発，ワークショップの進行管理，ワークの評価，「コミュニケーション・シート」の作成，集計・レスポンスなど。

③ ゼミ運営事務担当＆ワークショップサポーター

　会場および必要機器の手配・準備，配布資料の作成，ゼミに必要な用品の準備，ゼミナール進行補助，ワークショップ準備（グループ分けなど），グループワークのサポート。

●参加者サポート

ＬＭゼミの"売り"にもなっている，「参加者サポート」について箇条書きで紹介します。

① 参加申し込みへのレスポンスと調整

　迅速に受付のレスポンスをし，その際，参加コメント（今回のゼミで学びたいこと，抱えている課題等）の内容が，開講するテーマとずれている時は再度，テーマとレクチャーの内容について説明し，プログラムと参加者をマッチングする。

② ゼミ開催1週間前に案内メール配信

　案内メールの内容は，日時，会場とアクセス，参加費，参加予定人数，事前課題，ゼミナールのタイムスケジュール，終了後の交流会案内等。

③ 参加者一覧の作成

　「一覧」はグループワークのグループ分けのツールとして，また，ゼミで配布する「参加者名簿」（名前と所属）の原資料になる。

④ ゼミ終了後，「コミュニケーション・シート統合版」の配信

⑤ 事後課題の集約と編集。「事後課題統合版」の配信

　以上が，LMゼミの「参加者サポート」です。参加者とのやりとりは1回のゼミに最低4回はあり作業は大変ですが，運営側と参加者のコミュニケーションがよくとれて，参加者のLMゼミへの満足度につながっています。

3-6　LMゼミの影響・効果

　10年（8回）にわたって開講してきたLMゼミは，どのような効果や影響を生み出したでしょうか？　最後に，LMゼミの影響と効果を検証してみます。

●意識や行動に変化はあったか？

　LMゼミに参加した後，図書館員としての意識や行動に変化があったのかどうか，各回の最終回に提出してもらう「コミュニケーション・シート」（評価）に，以下のような質問項目を設けて，フィードバックしています。

****
◆ LMゼミナールに参加して生まれたもの（効果）はありましたか？
A．仕事上で何か変化がありましたか（仕事に活かしたこと，ネットワーク等）。
B．あなた自身の考え方，行動形態に変化はありましたか。
****

質問Aについては約70％が「変化があった」と回答しています。

- スタッフミーティングに応用させてもらいました。
- 早速，ワークでやった業務フローを作ってみました。業務フローを自館のマニュアルに対応させつつあります。
- 館内研修に役立てました。
- 中期計画をたてるのに活かしました。
- ゼミナールで人的ネットワークができて，早速，課員と一緒に見学させてもらった図書館があります。
- 図書館PRのやり方を再考し，変えました。
- 「見える化」に気を配って，これから担当2名で「新入生ガイダンス」の

内容を練り直します。
　・企画・立案する際に，LMゼミで使ったワークシートを使ってやっています。

質問Bについては，①よりさらに高く，95%が「変化があった」と答えています。
　・"できないこと"に目を向けるのではなく，"できること"を見つけてどんどんやって行こうという気持ちがわいてきました。
　・積極的にならねばと思い，担当している連続講座のPRのためにケーブルテレビの市の広報番組に出演することにしました。
　・管理職としての自覚が生まれ，チームワークを再認識しました。
　・行き詰まった状況を今後は打開できると思えるようになりました。
　・これからは自分でも企画を提案してみるつもりです。

　ある参加者は，LMゼミに参加して自分に生じた変化を以下のように3つにまとめて書いてくれました。
　①仕事に前向きに取り組む意欲がわいた，②ネットワークを広げることができた，③業務に即決した内容で，日常業務で実行できた。
　このコメントを見て，まさにLMゼミプログラムでめざしていることが参加者に伝わったことを実感しました。

● 能力開発やスキルアップにつながったか？

　同じく，「コミュニケーション・シート」の記述からランダムに取り上げます。
　・ディスカッションの手法が少し身についてきました。
　・会議のノウハウが具体的に理解できました。
　・思いを体系的にまとめる手法を教えてもらい，非常に参考になりました。
　・自館で達成したい目標について，戦略も含めて考えられるようになりました。
　・限られた時間で要点を手短に発表できるようになりました。
　・時間制限をつけられて，魅力的に発表するのはとても難しいが修行になります。

　そして，参加者が次のゼミナールの講師や事例発表者となること，また運営スタッフとして企画・運営に参画していることも能力開発につながる効果です。

● LMゼミの波及効果は生じたか？

　この問いに対する自己評価は，もちろん「生じた」です。その1つが「本」の出版です。

　LMゼミからはすでに3冊の本が生まれました。『コミュニティの活力源になるライブラリーをめざして～自分の力を生かして，マネジメント』（2007年），『中間管理職とライブラリーマネジメント～ライブラリーも自分も元気に』（2009年），『図書館を演出する～今，求められるアイデアと実践』（2010年），そしてこの本は4冊目のLMゼミ「本」になります。

　「本」はLMゼミで主催者・講師・参加者が作り上げた成果物ですが，具体的にライブラリーマネジメントの方法を図書館員に伝えるビジネス書，ノウハウ本としての役割を果たしています。これらの本はLMゼミに参加していない多くの図書館員に読まれ，特に『図書館を演出する』は，現在までに全国の公共・大学・専門図書館の700館近くに所蔵されるに至っています。

　もう1つはLMゼミプログラムの企画・研修方法・運営ノウハウの波及です。この点についてはまだ限定的ですが，LMゼミのテーマは研修スタイルが従来から行われてきた図書館職員研修に影響を与えている事例があります。ＬＭゼミの参加者が企画委員になった「研修」にＬＭゼミのワークショップの手法を取り入れたり，「職員から，『図書館を演出する』のような，現場で実践できる研修をしてほしいという要望があったので」と講師依頼がきたケースも数件ありました。

　また，複数の図書館関係団体から，「ＬＭゼミの企画・運営ノウハウ」に関わる原稿依頼があり，今まで以下の2誌に記事が掲載されています。

- 尼川洋子・丸本郁子．"マネジメントマインドとスキルの獲得；ライブラリーマネジメント・ゼミナール2004を実施して"，『薬学図書館』2005, vol.50, no.50, p.50-62.
- 尼川洋子．"ライブラリーも自分も元気に！；ライブラリーマネジメント・ゼミナールの企画と運営"，『情報の科学と技術』2009, vol.59, no.10, p.513-518.

　最後にLMゼミがボランタリーのささやかな活動で10年間続いてきたのは，

これらの効果・影響をフォローし，次の企画・運営に活かすことができたからだと総括しています。

■**参考資料：ライブラリーマネジメント・ゼミナール（LMゼミ）2004-2013 プログラム一覧**（講師の肩書は開催当時の役職）

◆**LMゼミ2004：ライブラリーの活性化をめざして**

　ライブラリーの活性化のためには今，能動的で創造的，そして戦略的な活動が求められています。その担い手はもちろんライブラリースタッフです。1人ひとりのライブラリアンがライブラリー・マネジメントの視点と手法・スキルを身につけることを目標に，様々なライブラリーの現場で働く者どうし，共に学びあい，専門性を開発し，活性化のための方策を考える場としてゼミナールを開講します。

プログラム
第1回：図書館を創る
- 講師：奥山恵美子（仙台市市民局次長・元せんだいメディアテーク館長）
- 内容：「仙台メディアテーク」の立ち上げを事例に，図書館を創っていく上でマネジメント，プロセス，戦略について
- ワークショップ：ケーススタディ，講師のレクチャーから「マネジメントの基本要素」を考える

第2回：コレクションを創る
- 講師：尼川洋子（人と情報を結ぶWEプロデュース代表）
- 内容：理念にそった特色のあるコレクションを創っていくためのマネジメントの要件。サービス対象のセグメント化，ニーズ把握，特色の出し方，外部資源活用
- 事例発表：神戸大学「震災文庫」の設立と公開
  発表者：稲葉洋子（国立民族学博物館情報管理施設情報サービス課長）
- ワークショップ：プレゼンテーショントレーニング～「私が企画したコレクションの特色とセールスポイント」

第3回：スタッフのチームワークの促進～マネジメントのツールとしての，業務フロー
　・講師：尼川洋子（人と情報を結ぶWEプロデュース代表）
　・内容：業務管理，スタッフの仕事管理の基本的ツールとしての業務フロー。計画とワークフロー，意味のある統計，マニュアルなど
　・ワークショップ：バズセッション～「スタッフのチームワーク促進」

第4回：パブリック・リレーション（ＰＲ・広報）
　・講師：尼川洋子（人と情報を結ぶWEプロデュース代表）
　・内容：ＰＲは何故必要か。何を誰に。親機関・マスコミ・利用者との関係づくりとして。その手段，方法，利用メディアとそのプロセス
　・ワークショップ：図書館PRのための業務フローづくり

第5回：マネジメントと評価
　・講師：結城美惠子　（インフォメーションプランニング代表）
　・内容：目標とプロセスを評価する。その種類，手段・方法など。評価の活用法
　・ワークショップ：どんな図書館を作る？　創設図書館をデッサンしてみる

◆LMゼミ2006：コミュニティの活力源になるライブラリーをめざして

　ライブラリーとそれを取り巻くコミュニティは"共存共栄"の関係です。情報を組織化して提供できるライブラリーがコミュニティの活力源になることをめざし，そのためのライブラリー・マネジメントを考えます。

プログラム

第1回：仕事をグレードアップする～劇場としての書店，○○としての図書館
　・講師：福島聡（ジュンク堂書店池袋本店副店長）
　・ワークショップ：ケーススタディ～マネジメントの基本要素を考える

第2回：コレクションを有用な情報源に～利用を創出する
　・講師：尼川洋子（人と情報を結ぶ WE プロデュース代表）
　・ワークショップ：コレクションのパッケージ作り

第3回：ライブラリー事業の新機軸を～企画のポイントと業務フロー
　・講師：尼川洋子（人と情報を結ぶ WE プロデュース代表）
　・ワークショップ：企画を実現するための業務フロー作成

第4回："静かな"から"目立つ"ライブラリーに～マーケティングとパブリック・リレーションズ
・講師：高橋和子（日本生命保険相互会社附属文研図書館）
・ワークショップ：プレゼンテーショントレーニング～企画プログラムのプレゼンテーション

第5回：チームプロジェクトとしてのマネジメント～変化に対応するために
　・講師：結城美惠子（インフォメーションプランニング代表）
　・ワークショップ：グループワーク＆プレゼンテーション～見える化計画と説得アプローチ

◆LMゼミ2007：ライブラリーの可能性を拓く

　ライブラリーにはまだまだ開発されていない，色々な可能性があります。
　人やコミュニティ，組織，社会の活力源になるライブラリー＆ライブラリアンをめざして，"可能性"を"実現性"に変える，ライブラリーマネジメントを「ビジョンと運営」「パブリックリレーションズ」「意識改革と戦略」，3つのアプローチで考えます。

プログラム

第1回：アカデミーヒルズ六本木ライブラリーの挑戦
　・講師：小林麻美（アカデミーヒルズ六本木ライブラリー　ディレクター）
　・ワークショップ：ケーススタディ～マネジメントの基本要素を見つけ

る
第2回：元気！なライブラリーへの道〜戦略的パブリックリレーションズ
- ・講師：服部博之（(株)日立技術情報サービス）
- ・ワークショップ：私たちのライブラリーをPR

第3回：施設から知的サービス業への転換〜"コンセプト"と"コネクト"
- ・講師：結城美惠子（インフォメーションプランニング代表）
- ・ワークショップ：「見える化」事業計画づくり

◆LMゼミ2008：中間管理職のためのライブラリーマネジメント 〜ライブラリーも自分も元気に！

　ライブラリーの仕事はチームワーク。中間管理職はその要として統率力や仕事力，コミュニケーション力が求められます。
　でもどうやって，その能力を身につけたらいいのか……ゼミナールでは管理職として抱える悩みや課題を共有し，マネジメントの観点でそれを見直し，ライブラリーも自分も元気になる道を探ります。

プログラム

第1回：管理職という立場
- ・講師：高橋佳子（神戸松蔭女子学院大学教授・元神戸市東灘区長）
- ・内容：職場で管理職が担う役割とは？　図書館の現場ではどのようなリーダーシップが求められるのか。自分自身は管理職として，どのようなビジョン，スタイルを持つのか。管理職としての自分の立ち位置を確認する
- ・ワークショップ：ケーススタディ〜「管理職とは何かを考える」

第2回：やる気が起こる職場をつくるチームマネジメント
- ・講師：尼川洋子（人と情報を結ぶWEプロデュース代表）
- ・内容：「忙しいけれどポジティブな気持ちで仕事に取り組める」「雇用条件は多様でも1つのチームとして働いている実感があり，人間関係もいい」「職場の中で問題解決や，新たな企画提案ができて，ストレ

スがたまらない」，目指したいのはそんな職場では？
  ・ワークショップ：ワークシートを使って要素分析と文章化～「チームの課題を見極める」
第3回：ライブラリアンのためのプロジェクトマネジメント～予算獲得から企画・事業実施まで
  ・講師：稲葉洋子（大阪大学附属図書館利用支援課長）
  ・内容：積極的に予算を取ってきて，また他部局や他団体・機関と組んで，新たなライブラリー事業を展開したり，学内で催しを企画したり，調査研究プロジェクトに参画したりすることも多くなってきました。プロジェクト型の事業を進めていくために管理職の果たす役割，仕事，戦略について，事例を通してノウハウを学びます
  ・ワークショップ：図式化手法で，「見える化プロジェクトの立案」

◆LMゼミ2009：中間管理職のためのライブラリーマネジメント～動きを作る

　図書館の活性化は，外に見える動きを作りだすことから始まります。
　所蔵する情報・資料（コレクション），スタッフ，図書館空間という三つの資源を活かして，"動きを作り出す"ライブラリーマネジメントを学びます。

プログラム

第1回：利用を創出するコレクションマネジメント
  ・講師：尼川洋子（人と情報を結ぶWEプロデュース代表）
  ・内容：図書館の所蔵資料を，利用者のニーズに合った有効な情報コレクションとして再構築（パッケージング）し，利用を創出していくためのマネジメントと，図書館資料を多角的な視点で読み解き，活用を促す利用者向けプログラムを考えます
  ・ワークショップ：自分の館のコレクションの中から，新たな動きを創り出す「パッケージ」を企画する

第2回：**プロジェクトを動かす仕事術**
- 講師：水谷綾（大阪ボランティア協会事務次長）
- 内容：目標と期限のあるプロジェクト型の仕事が図書館でも増えてきました。効率よく仕事を進め，成果をあげていくにはどのようにチームを組織し，スタッフやプロジェクトを動かしていけばいいのか……。NPO活動のコーディネートから，そのプロセスを学びます。目標の共有から計画，実行システムの設計，やる気を引き出すコミュニケーション，会議ファシリテーション，情報共有，ステークホルダーとの関係づくりなど
- ワークショップ：グループワークで「ファシリテーション・グラフィック」のトレーニング

第3回：**図書館を演出する〜惹きつけるしかけとは？**
- 講師：尼川ゆら（舞台美術家）
- 内容：利用者が足を運ばずにはいられない，しょっちゅう行きたいと思う図書館にしたい，と思いませんか？　図書館のフロアや空間はもっと出番を待っているかもしません。アーティストの力もかりて，人と図書館資料を結ぶ仕掛けを考えてみましょう
- 事例発表：図書館応援企画展「展　FINAL in 図書館」に取り組んで
- プレゼンテーター：多賀谷津也子（大阪芸術大学図書館課長）
- 内容：大阪芸術大学のさまざまな学科の院生・助手・副手による図書館資料を活かした展覧会の事例
- ワークショップ：疑似図書館空間を作って，利用者を動かす動線作りと空間のストレスを体感

◆**LMゼミ2011：カウンターサービスのマネジメント**
　〜良いチームワークで，良いサービスを！

　カウンターは図書館サービスの最前線，ホテルでいえばフロントの役割です。利用者の図書館への親しみ，信頼，満足はカウンターサービスの良

し悪しに左右されます。今回は現場の課題を取り上げながら，"良いチームワークで質の高いサービス"を提供するためのコミュニケーションマネジメントとカウンタースタッフのスキルアップをめざします。

プログラム

第1回：多様な利用者への多様な対応〜コミュニケーション・スキルを身につける
- 講師：川喜田好恵（カウンセラー）
- 内容：カウンターは接客サービスの場。スタッフは多様な利用者に多様な応対をしなければなりません。貸出・返却から，利用案内，レファレンス，利用者の怒りへの対処等々。カウンタースタッフが抱える精神的ストレスを軽減するためのコミュニケーションスキルを学びます
- ワークショップ：利用者対応の「問題事例」を使ったロールプレイ

第2回：エントランスとカウンターを演出する〜人を招く空間づくり
- 講師：尼川ゆら（舞台美術家）
- 内容：エントランスからカウンターへ向かう空間は図書館の顔。利用者がその図書館の雰囲気を感じ取るところです。入りやすく，気持ちのいい空間に演出することもカウンタースタッフの仕事。演出するための視点とノウハウを学びます
- ワークショップ：参加者の図書館のエントランス写真とフロア図を見ながらの比較検討。模擬エントランスを使って，入りやすい入口実験

第3回：カウンター業務のコミュニケーションマネジメント

【シンポジウム】
- 発題者：多賀谷津也子（大学図書館　課長）
  長田由美（（株）図書館流通センター・受託公共図書館総括責任者）
  公共図書館 カウンターサービス責任者
- コーディネーター：尼川洋子（人と情報を結ぶＷＥプロデュース）
- 内容：現場をどうコーディネートすれば，良いチームワークで質の高いカウンターサービスができるか。情報の共有，課題解決のシステム，スタッフの能力UP・モチベーションUP等々，図書館のカウンター

業務を統括する立場からそれぞれの取り組みを交流し，カウンター業務を円滑にすすめるためのコミュニケーションマネジメントの方策を考えます
- ワークショップ：課題別にグループ討議

◆LMゼミ2012：図書館員のキャリア開発
　～今，必要とされる能力を高める

　図書館をめぐる環境が激変し，図書館にも新たなサービスが求められています。その変化に対応し，ポジティブに仕事に取り組んでいくために図書館員の自己能力アップ，スタッフの養成と能力開発を応援するライブラリーマネジメントプログラムです。

プログラム
第1回：必要とされる研修プログラムを企画・立案をする
- 講師：尼川洋子（人と情報を結ぶＷＥプロデュース代表）
- 内容：図書館のスタッフ養成や能力開発に必要な研修プログラムの企画・立案・運営のマネジメントとそのノウハウを学びます。テーマの立て方，講師の選び方，研修方法，広報等
- ワークショップ：「私がやりたい研修プログラム」を企画・立案する

第2回：統計データ（評価）を読み解き，計画・企画に活かす
- 講師：石川敬史（十文字学園女子大学　21世紀教育創生部専任講師）
- 内容：図書館でとっている各種統計や集約したデータを単なる数字にとどめず，その背景にある様々な原因・課題・可能性を読み解き，次なる計画や企画に活かしていく方法とプロセスを学びます
- ワークショップ：データを企画・提案に活用する「戦略マップ」作り

第3回：伝える技術・プレゼンテーション力をつける
- 講師：佐々木妙月（情報の輪サービス株式会社代表取締役）
- 内容：論理的で簡潔な構成と適切な資料づくりについて学び，視覚的，聴覚的に訴える説得力，人の共感を引き出すプレゼンテーション力を

身につけることをめざします
・ワークショップ：「コンピテンシー診断テスト」使ったグループ討議

◆LMゼミ2013：つながりあう,
連携・共同のライブラリーマネジメント

　利用者を"待つ図書館"から，多様な主体とつながって外へ活動を広げる図書館へ，自治体や大学の"単独"運営からアウトソーシングの導入による民間との"共同"運営へと，図書館は変化していきつつあります。
　変化に対応し，新たに生じる課題に向き合い，一歩進んで"つながりあう"ためのマネジメントを現場視点で考えます。
プログラム
第1回：アウトソーシングの現場から考える共同・連携の図書館業務マネジメント
【トークセッション】
・発表者：山中陽子（(株)図書館流通センター　TRC販売東海地区エリアマネージャー）
　釣裕美絵（(株)ヴィアックス　アウトソーシング事業本部テクニカルサポート室）
　公共図書館／前アウトソーシング統括責任者
・コーディネーター：多賀谷津也子（大阪芸術大学図書館）
・内容：業務委託・指定管理者制度等が導入されている図書館で，委託者と受託者が共同してより良い利用者サービスを展開するための図書館業務マネジメントを現場の視点で考えます
・グループセッション：委託・受託側の現場の課題と，どうしたら改善につながるかを話し合う
第2回：図書館のリソースを連携のリソースへ
・講師：木下みゆき（大阪府男女共同参画推進財団　統括ディレクター）
・内容：図書館サービスの中から生み出されるリソース（情報相談，レ

ファレンス事例等）を活かした他の事業との連携と，コミュニティに図書館の有用性をアピールする方策を考えます
- ワークショップ：連携のためのレファレンス事例分析

第3回：図書館の発信力と多様なコラボレーション

図書館を進化させるコラボレーション，ボーダレスな図書館活動について実践から学びます。
- レクチャー①　ボーダレスの図書館活動を！
- 講師：内野安彦（常盤大学非常勤講師，元鹿嶋市立中央図書館長，前塩尻市立図書館長，『図書館はラビリンス』著者）
- レクチャー②　図書館が仕掛けるコラボレーション〜企画と仕組み
- 講師：多賀谷津也子（大阪芸術大学図書館）
- ワークショップ：企画書作り〜「コラボレーションを企画する」

Ⅱ部
「実行」につなぎ，未来をつくる

図書館のデータを活用して未来をつくる……
考え方や視角を少し変えるだけで，希望や勇気がわき出ます。
データを企画や計画にさらに活かせば，
積極的に，そしてアクティブな「実行」につなぐことができます。
そして，職場全体を元気にすることができます！
Ⅱ部では，図書館のデータを企画や計画に活かし，
積極的な「実行」につなぐ方法を紹介します。
この「実行」の1つひとつの積み重ねが，
未来の図書館をつくることにつながります。

1. データを現場で活かす考え方

図書館では日々の活動の中で，多くのデータが収集され保存されています。貸出冊数，入館者数，コピー枚数，Webページのアクセス数，電子ジャーナル閲覧数，レファレンス件数……など，現在収集している図書館のデータを少し取り上げるだけでも，膨大な量になることでしょう。

こうしたデータを積極的に活用したいという気持ちは誰でも持っています。しかし，日々の時間に追われてしまい，十分に活かせないというのが現状ではないでしょうか。

1-1 データを収集する目的：未来をつくるために

そこでまず，図書館データを積極的に活かすために，私たちはなぜ，そして何のためにデータを収集しているのか，という原点を考えていきましょう。

●図書館のデータをアクティブに活かそう！

多くの図書館では，業務担当ごとにデータを収集し整理しています。年度ごとに数値の増減などを比較をしたのち，貸出冊数などの主要なデータや大きく増減がみられたデータを中心に，年度末の図書館年報や年度はじめの運営委員会の資料として報告しています。さらに，官公庁や図書館関係の協会・協議会が求めるデータを提出するため，毎年データを集計しています。

こうした集計・整理作業には時間が必要です。ですので，作業が一段落すると，毎年の通過儀礼を無事にこなし，ホッとした気持ちになるのではないでし

ょうか。しかし，こうした一連の作業がデータを活用している，ということにはなりません。

● 「静」のスパイラルからの脱却を！

　図書館データの活用の傾向として，次に挙げるような「静」のスパイラルがあるのではないでしょうか。まずはこのスパイラルからいち早く脱却することを意識しましょう！

1）データの収集が目的？

　第1に，データを収集することが無意識に目的化していることです。資料を作成し，データを整理すること自体が目的になっていることです。主に図書館の年報や会議の資料として整理し，提出・報告することに力点が置かれてしまいます。提出・報告が目的になっているので，分析も十分ではなく，やや主観的，経験的にデータの背景を考えてしまいます。報告して終わりではなく，データを収集した次なるステップを考えることが求められます。

2）評価が目的？

　第2に，収集したデータが図書館活動の評価として目的化してしまっていることです。近年は，行政評価，大学認証評価，自己点検評価など，組織や個人で定量的な目標値が設定されています。「評価疲れ」という言葉もあるように，多くの目標値を設定してしまうと，何のための基準で，何のための評価なのかわからなくなります。評価のためにデータを収集し，目標値のモニタリングさえ行えばよいのでしょうか。いわば評価のための評価ではなく，何のための評価なのかを明確にする必要があります。

3）追究・分析に注力しすぎ？

　第3に，データを分析し，数値の増減などの背景や原因を追究・分析することに注力しすぎてしまうことです。例えば大学図書館で学科毎の入館者数に差があった場合，その背景や原因に興味を持ちます。入館者数の減少についても，電子資料の利用との関連から分析できると考えます。しかし，データを詳細に分析し，その背景や原因を解明することのみが，現場でデータを収集し活用する最大の目的でしょうか？　むしろ，原因や背景を改善するための次なるアクションが必要です。

4）属人化される課題？

第4に，個々の業務で収集したデータや分析の結果をはじめ，数値の増減などから明らかになった図書館活動の課題が，個人の課題に留まってしまうことです。これはデータや分析結果，課題が組織内で十分に共有されていない状況といえます。図書館の基礎データである資料費，貸出冊数，入館者数，電子資料アクセス数など，勤務する図書館全体の基礎データをいかに共有するのかにも関係します。公共図書館の場合は自治体の年齢別の人口構成，大学図書館の場合では学科別の学生数など利用者の基礎データの共有も重要です。組織全体でデータが活用されなければ，解決すべき課題も共有されません。

5）問題意識が希薄？

第5に，業務の課題として意識していないデータであるため，知らずのうちにデータが簡単に目の前を通り過ぎてしまうことです。これとは反対に，日ごろから図書館の課題を意識していると，課題を解決する具体的な方法を問い続けているため，データを発見することができ，業務の問題意識を踏まえて分析することができます。日常業務や仕事上の課題をいかに意識するかが重要です。

図Ⅱ-1 「静」のスパイラルから脱却するポイント

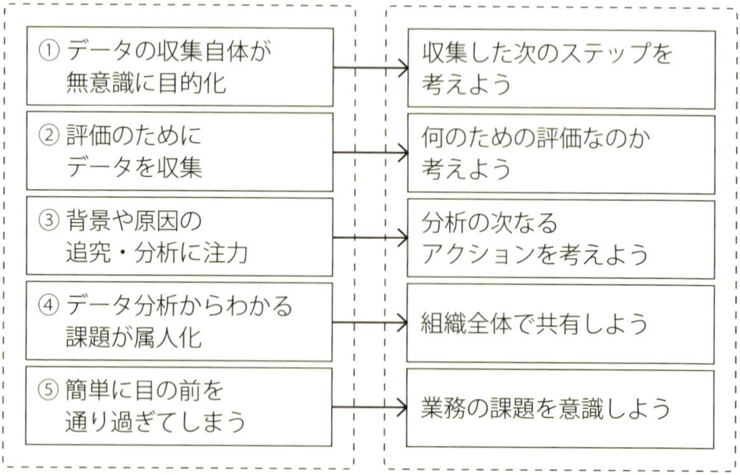

① データの収集自体が無意識に目的化	→ 収集した次のステップを考えよう
② 評価のためにデータを収集	→ 何のための評価なのか考えよう
③ 背景や原因の追究・分析に注力	→ 分析の次なるアクションを考えよう
④ データ分析からわかる課題が属人化	→ 組織全体で共有しよう
⑤ 簡単に目の前を通り過ぎてしまう	→ 業務の課題を意識しよう

図Ⅱ-2 図書館データの枠組み

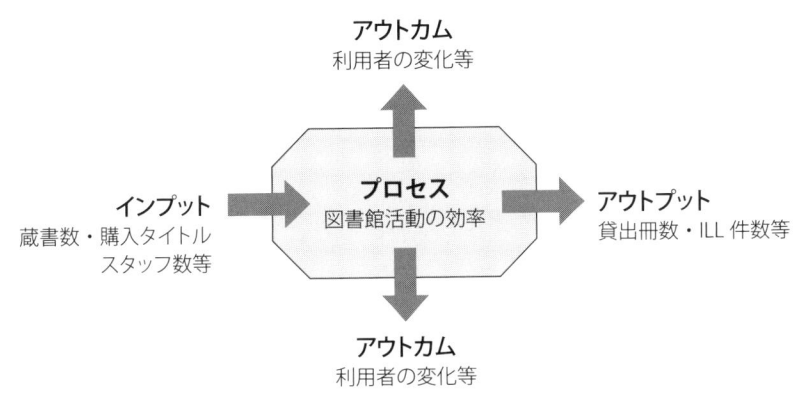

```
                    アウトカム
                   利用者の変化等
                        ↑
                        │
   インプット    →   プロセス    →   アウトプット
  蔵書数・購入タイトル  図書館活動の効率    貸出冊数・ILL件数等
   スタッフ数等
                        │
                        ↓
                    アウトカム
                   利用者の変化等
```

(糸賀雅児「アウトカム指標を中心とした図書館パフォーマンス指標の類型と活用」
『図書館の経営評価:パフォーマンス指標による新たな図書館評価の可能性』勉誠出版, 2003, p.89 第1図を参考に作成)

●図書館データの枠組み

図書館の活動全体を踏まえると,私たちが収集しているデータは,一般的に下記のように整理できます。加えて,「図書館パフォーマンス指標（JIS X 0812）」に,多くの指標が掲載されています[1]。

1）インプット

図書館にインプットされる資源に関するデータです。例えば,蔵書冊数や購入冊数,移動図書館の台数,図書館のスタッフ数,図書費などが該当します。

2）アウトプット

図書館サービス（活動）の結果,生み出されるデータです。例えば,貸出冊数や予約件数,ILLの件数,レファレンス受付件数,電子ジャーナルアクセス数などが該当します。

3）プロセス

プロセスは,例えば蔵書回転率,来館者1人あたりのコスト,貸出1冊あたりのコストといった図書館活動の効率です。

4）アウトカム

アウトカムは調査・分析することはやや難しいのですが,利用者満足度などサービスの結果,どのように利用者が変化したのかを表すデータです。例えば,

大学図書館であれば，図書館の利用と学びの意欲，学修時間，成績などとの関わりなどを挙げることができます。公共図書館の場合は，地域の活動や施設づくり運動などへのつながりを挙げることができます。

　こうしたデータの枠組みは，毎年作成している図書館年報や運営委員会での資料をはじめ，年度当初に図書館データを整理するうえで役に立ちます。日々の図書館活動の中で，さまざまな図書館データがどこに位置づけられるのかが明確になるからです。明確になることによってはじめて，データ項目の関連性や，同じような規模の図書館とのベンチマークを行うことができ，今後の企画や計画につなぐことができます。

● ありたい姿を実現するためのデータ活用
　このような図書館のデータを収集し活用する目的とは，図書館のさまざまな施策やサービスを立案し，実行・行動につなげ，さらに改善を重ねながら，図書館のありたい姿を実現することです。データを分析し評価することにより，次なる具体的な行動や業務の改善につなげなければなりません。そのためには，まずは「勤務している図書館をどうしたいのか」「どのような図書館を目指すのか」という図書館の「ありたい姿（＝ビジョン）」を明確にする必要があります。
　逆に図書館のありたい姿が明確ではない場合，データをいくら分析し活用しようとしても，次の行動につなぐことはできません。データの分析に注力することも重要ですが，むしろ実際はデータを活用した結果，「具体的に図書館で何をしたのか」「何を生み出したのか」「どのように行動・実行したのか」が重要です。

● ビジョンを実現するためには……
　もし仮に予算が潤沢であれば，数多くの人を雇用でき，施設・設備にも巨額を投入することができるため，ありたい姿（ビジョン）は短期間で苦労なく実現できるかもしれません。もちろん多くの現場では，現実的に予算，人，物（空間）が限られていますので，現在の資源を最大限に活かしながら，ビジョンを

> コラム① 「想い」に共感し共有する

　多くの組織体では，理念やビジョンを大きく掲げ，それを実現するための取り組みを各部署で計画的に実行しています。組織を動かし，人を動かしていくためには，理念やビジョンが必要です。理念やビジョンを実現するためには，1人ひとりの現場の力が求められます。
　理念やビジョンは企業以外にも，多くの大学（学校法人）や社会教育施設などで掲げられています。みなさんも，よく耳にしたことがある言葉が多いと思います。例えば，多くの構成員の「想い」が込められた理念やビジョンの事例として，下記のものがよく知られています。耳にすると記憶に残る言葉であり，組織の基本的価値観や，めざすべき方向性が端的に表現されていることがわかります。
□一瞬も一生も美しく（株式会社資生堂：コーポレートメッセージ）
□自分を超える，未来をつくる（学校法人立命館：「学園ビジョンR2020」）
□無限の可能性が開花する学園（学校法人工学院大学：「Vison150」）
□真理がわれらを自由にする（国立国会図書館）

実現していくことが求められます。
　しかもビジョンは1人で実現することはできません。組織内の構成員のエネルギーを活性化するため，単にビジョンを浸透（共有・共感）させるだけではなく，ビジョンを実現するための具体的な道のり（戦略）を明確にし，共有しなければなりません。

●ありたい姿とのギャップを考える
　しかしながら，あまりに理想的な姿をビジョンに落とし込んでしまうと，逆にいつまでたっても実現することができず，データの活用すらできません。他方で，勝手に一部の構成員でビジョンを構築してしまうと，組織内から他人事

図Ⅱ-3　ビジョンを実現するための考え方

```
        資源（人・物・金・情報）
                ↓
                            ありたい姿
                ↓
              戦略  →
                ↑
  現在の課題     環境の変化
              →
```

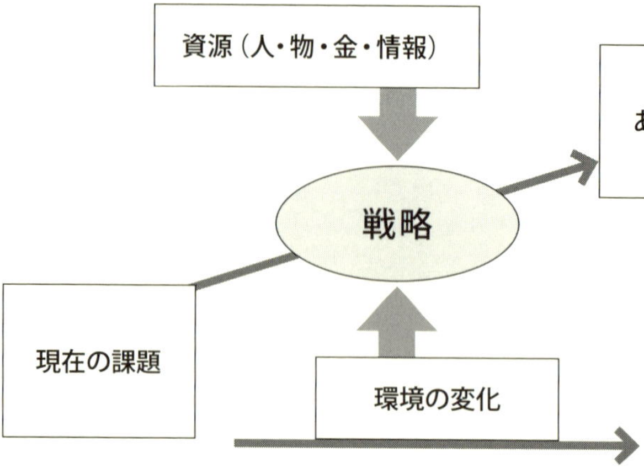

のように思われてしまい，実行につなぐことができません。各組織や部署において身の丈にあったビジョンがつくられる必要があります。

　ビジョンを実現するための考え方として，図Ⅱ-3のように整理できます。

　まず，図の左下の「現在の課題」については，みなさんは数多くあげることができるでしょう。こうした「現在の課題」を解決し，右上の「ありたい姿」を実現するためには，組織全体や部署における「資源（人，物，金，情報）」と「環境の変化」を踏まえた戦略（打ち手）を立案する必要があります。

　ありたい姿とは，①ある最低基準に到達するありたい姿，②理想のありたい姿，の2点を考えることができますが，ここでは②の理想のありたい姿を念頭に置きます。

　資源とは，組織が保有する「人・物・金・情報」です。環境とは，現在の環境ではなく，未来を予測した社会の変化です。こうした組織の資源と社会環境の変化とのかかわりの中で，ありたい姿を実現するための具体的な打ち手が中央の「戦略」です。

　このように，ありたい姿を実現するためには，現在の課題，環境の変化，組織内の資源を構成員と共有することが前提です。繰り返しになりますが，ありたい姿が明確ではないと，そもそも戦略を描くことができず，データすら活用できません。

1-2　大きなコンパスの必要性

●個人の夢，憧れ，目標……

　私たちは図書館という社会的機関における仕事を通して，どのように社会に貢献できるのかを常に考えています。上司や他部署から指示された作業だけを行う，ということではなく，図書館の将来像をしっかりと抱くことが大切です。未来をアクティブに考えることにより，心や体を元気にし，活力がわき出てくることにつながります。憧れや目標を抱くことは，現状に満足しないことをも意味します。

　このように，組織全体でありたい姿や目標を共有・共感していくことにより，個人のみならず組織全体に活力が醸成され，現状を変化させていくための大きな起爆剤になります。もちろん，こうした想いや意志は利用者に伝わるでしょ

> **コラム②　勤務する図書館のありたい姿は？**
>
> 　みなさんが勤務する図書館や部署の目指すべき方向性（ビジョン・ありたい姿）は定まっていますでしょうか？　2年後や5年後に目指すべき姿はありますか？
>
> 　図書館は，複数の職員で構成されています。部長や課長の役職，常勤や非常勤（パート職員，派遣職員，委託職員等）などの多様な雇用形態，さらには資料の整理やレファレンスサービス，カウンター当番など，数多くの業務がチームで分担されています。なかには，1〜2人の少人数の図書館（部署）もあるかもしれません。
>
> 　こうした組織内で図書館の基礎データの共有はもちろんのこと，図書館の大きな方向性は共有されているでしょうか？　仮に図書館のビジョンが定まっている場合，どのようにビジョンが策定されましたか？

う。

●持続的な経営を組織で支える

　少子高齢化社会，情報通信技術の発展，地球環境問題など，私たちを取り巻く社会環境は変化が早く，かつ大きく変化しています。だからこそ，組織がこうした変化に流されてしまい，社会環境の変化の度に打ち手を考えるのではなく，変化に対してしっかりとしたコンパスを持つ必要があります。たとえ経営者や管理職が変わっても，大きな方向性を示すコンパスを持ち続けることが重要です。基本的価値観としての理念を明確にし，構成員が目指すべき方向性や目標を共有・共感することができれば，持続的に成長する組織となります。

　目先の魅力的な商品やサービスを提供することではなく，魅力的な商品やサービスを提供できる仕組みが組織内で常に醸成されるような，理念中心の図書館経営「Visionary Library」[2]を目指しましょう。

●その効果は組織から個人まで

　理念やビジョンを有する必要性と効果[3]を整理すると，下記の点を挙げることができます。

- □組織の個々の構成員が共有・共感できる基本的な価値観を明確にすることができます。そして，目先の変化にとらわれない大きなコンパスを持つことができます。
- □表面的な仕組み，組織の枠組みといった目先のことを変えるのではなく，構成員の共有・共感がなされることで，理念に沿って組織全体で戦略や個々の施策を考えることができます。表面的なものを改革するのではなく，1人ひとりの意識や行動様式の改革，さらには他部署との協働にもつながり，経営の安定性を確保できます。
- □思いつきで突然何かを実施するということではなく，ブランディングや人事施策など，身の丈にあったさまざまな施策の起点になります。判断に迷った際は，理念やビジョンに戻ることにより，決断力が組織内で生じます。
- □組織の個々の構成員の仕事のあり方や目的の再考に結びつきます。構成員個々のエネルギーを引き出し，仕事への動機づけ，主体的な行動，そして

構成員の結束（帰属意識の強化）につながります。

「構成員のベクトルを合わせる」という言葉を聞きますが，1人ひとりの構成員の方向性を完全に一致させることはできません。理念やビジョンが共有・共感されることによりむしろ，下記の図Ⅱ-4のように，ある程度同じ方向性を持つと考えるのが自然でしょう。

図Ⅱ-4　構成員の目指す方向性

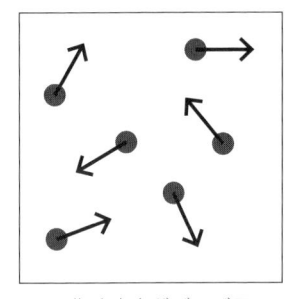

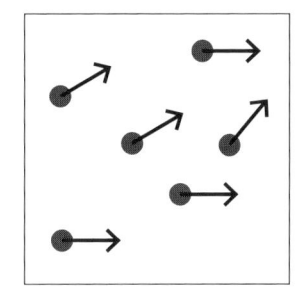

目指す方向がバラバラ　　　　　　　目指す方向性が同じ

コラム③　理念，ミッション，ビジョンの用語

　将来の方向性，目標や価値観を表す言葉として，理念，ビジョン，建学の精神，社訓，社是などがあります。混乱を招かないように，下記に本書で使用する言葉を整理しました。ただし，組織によって異なる意味で使用している場合がありますので注意してください。

【理念】

　ある物事について「どうありたいか」という根本の考えで，組織全体の基本的な価値観です。組織内外に向けて発信するため，普遍的で感動を与えるものであり，端的に表現されたものが良い理念になります。下記のミッションやビジョン，バリューを包含する概念で，組織全体のあらゆるものの拠り所になる価値観です。

【ミッション】

なぜその組織が社会に存在しているのか，という組織体の存在目的や使命を端的に表現したものです。さらに，ミッションは現在の目的や使命ではなく，例えば20年後にも通用する将来を視野にいれたものである必要があります。組織（企業）によっては，「経営理念」としている場合もあります。

【ビジョン】

ビジョンは，具体的な計画よりも上部に位置づけられ，計画を策定する際の方向性を示す「ありたい姿」です。中期的な視点を持ち，将来のある時点における到達目標や組織の「ありたい姿」が端的な言葉で表現されます。「ある時点」とは，組織により異なりますが，10年先や20年先などさまざまな場合があります。

【バリュー】

ミッションを果たしビジョンを実現するため，構成員全員が共有する共通の価値観を表現したものです。1人ひとりが行動するための指針になるものです。組織によっては，「行動指針」や「社是」として表現されている場合があり，これまで積み重ねてきた組織の文化，風土，歴史も含まれています。

こうした理念，ミッション，ビジョン，バリューは右のような概念図で表すことができます。

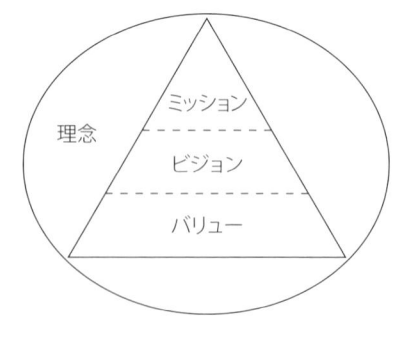

コラム④　ビジョンづくりの例

ビジョンが明確であると，判断に迷ったり決断を迫られたりする際に，ビジョンに戻り考えることができます。しかし，ビジョンは勝手

に1人でつくられたり，他部署や上司から与えられるものでもありません。理念やビジョンを単に文書化して，構成員に周知するのでは，他人事のように捉えられてしまい，組織内に十分に浸透することはできません。組織内で共有・共感され，確実に構成員の間で浸透するための工夫をしなければなりません。

　新たにビジョンをつくる場合や理念を再構築する際には，組織内で同じ志を持つ仲間と共につくることが重要です。そして，組織全体を巻き込んでいきます。こうしたビジョンづくりの事例は多数あります。

【ソフトバンク株式会社の例】

　ソフトバンク株式会社は，2009年に新30年ビジョンを発表しました[4]。このビジョンは，30年後がどのような社会になっているかを踏まえながら，社内の検討委員会や大規模な社員大会において，数多くの社員の「想い」に基づいて策定されたものです。

　なお，30年後の未来を考える際，300年先を考えれば30年先は少しの誤差にすぎない，と指摘しています。そのため，ソフトバンクのビジョンの説明は，300年前から遡った内容になっています。

【学校法人工学院大学の例】

　2012年に学園創立125周年を迎えた（学）工学院大学は，2012年を新たなスタートと位置づけ，学園創立150周年へ向けたビジョンをつくりました[5]。このビジョンは，学園経営陣とともに，若手教職員も参画し，附属中高や大学全体を巻き込みながら学園全体のビジョンを策定しました。

　そしてこのビジョンに基づき，学園の新しい中期計画を立案しました。中期計画はビジョンを描いた2037年（学園創立150周年）へ向けて5期に区分されています。この中期計画に基づき，単年度の事業計画が策定されています。

●個々人の目標へつなぐ

　ビジョンを実現するための考え方として，一般的な構造を下記の図Ⅱ-5で整理しました。図の全体をみると，頂点にはビジョンがあり，その下部に具体的な計画が段階を追って位置していることがわかります。

　組織全体のビジョンを実現するために，中期計画が存在し，その下部に単年度に区分された事業計画，そして各部署の実施計画，さらに個人の目標に順を追って落とし込まれているという枠組みです。この図をみると，組織全体の方向性（ビジョン）があるからこそ，部署や個人の方向性が定まり，逆にビジョンを実現する基礎には，現場の1人ひとりの想い（個人の目標）があることがわかります。

　さらに，中期計画や事業計画などには目標値が設定されますが，ビジョンの実現と密接であることがわかります。データの活用は，こうした枠組みの中で捉えることができます。

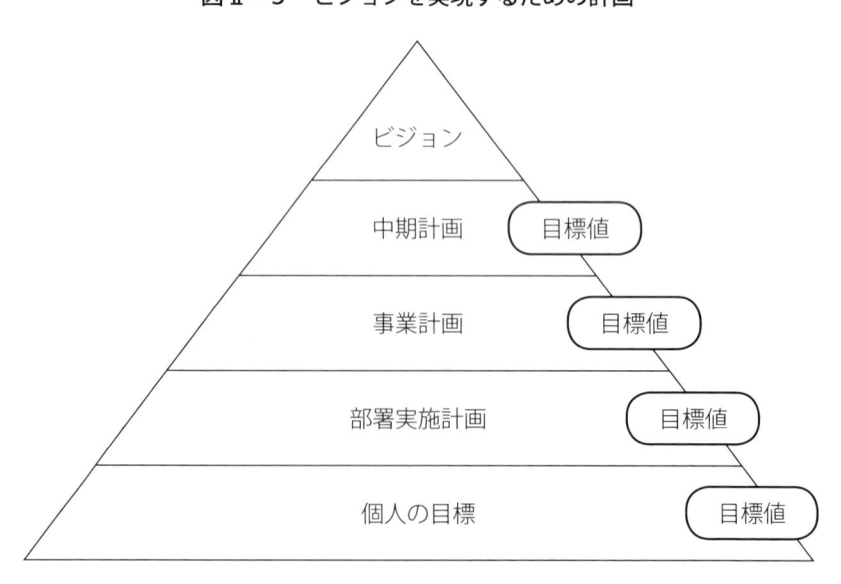

図Ⅱ-5　ビジョンを実現するための計画

1）中期計画

　中期計画とは，将来のビジョンを着実に実現するために，3〜5年間に区分した具体的な活動計画です。年毎の計画や数値目標，責任部署等も具体的に記されます。立案した後の3〜5年間，組織は中期計画に縛られるのではなく，毎年，中期計画の進捗状況の把握を確実に行い，進捗状況や環境の変化によっては中期計画の見直しを行います。

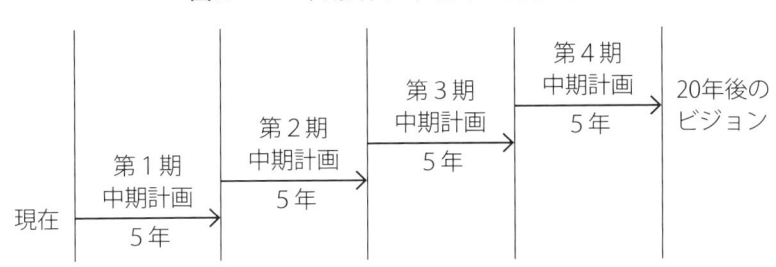

図Ⅱ-6　中期計画の区分（20年間の例）

現在 → 第1期中期計画 5年 → 第2期中期計画 5年 → 第3期中期計画 5年 → 第4期中期計画 5年 → 20年後のビジョン

2）事業計画

　事業計画とは，中期計画を踏まえた単年度の具体的な計画です。例えば，ある中期計画が5年間の場合，中期計画を五つに分割したうちの1つの計画が単年度の事業計画に該当します。すなわち，ビジョンを実現するための単年度の計画ともいえましょう。もちろん，ここにも数値目標や責任部署等も明確にします。

3）部署実施計画

　組織により呼称が異なりますが，部署実施計画とは，単年度の事業計画を踏まえ，各部署で実施する具体的な年間活動計画です。この計画は，各部署の部長や課長が一年間の方向性を定める計画ですが，組織全体の事業計画と表裏一体の計画として位置づけられます。もちろん，1つの部署では実現困難な計画もあるため，他部署との協働や予算とのひもづけなど，計画を実行するための体制を明確にする必要があります。さらに，上半期，四半期などに区切り，経営陣へ部署の進捗状況を報告します。そして，各計画ごとに進捗状況の評価も行われます。

4）個人の目標

　所属する部署の実施計画を踏まえた個々人の年間活動計画・目標です。「目標管理制度」として，個人の目標ばかり焦点が当てられる傾向にありますが，全て個々人で立案するのではなく，組織全体のビジョンや部署実施計画などを踏まえながら，部長や課長との対話を積み重ねて，個人の目標を立案することが重要です。進捗状況を報告する際にも，単に仕事の進捗を管理する視点ではなく，上司は進捗をフォローし，個々の構成員のモチベーションを高めることが必要になります。したがって，部長や課長のマネジメント力が大きく問われることになります。

　では，ビジョンを実現し，具体的な打ち手を実行するために，日々生み出される図書館のデータを具体的にどのように活用すればよいのでしょうか。次節ではデータを活かすための見方や枠組みを具体的に考えます。

1-3　「静」から「動」への活用：データを活かす枠組み

●「静」から「動」へ

　日常業務の中で粛々とデータが生み出され，整理する……。1年サイクルで待っていれば自然とデータが目の前に届き，整理して会議や年報で報告する……。先に，こうした「静」のスパイラルから抜け出す重要性を指摘しました。

　ここからは，こうした「静」として受け身でデータをとらえるのではなく，いわば「動」として，データを積極的に主体的に活用し，実行や行動につなぐ考え方や枠組みを紹介します。その枠組みを，下記のように整理しました。

　□データを「見える化」し，組織内で行動を促す。
　□データを主体的に収集・分析して，改善・行動につなぐ。
　□個々のデータを分析し，企画・提案につなぐ。
　□複眼的にデータを活用し，組織を動かす。

　これらが「動」としてのデータ活用の視角といえます。各項目をそれぞれ具体的に紹介していきます。

●気づきを育むデータの「見える化」

　まず1つ目が，データを「見える化」し，その結果，主体的な行動につなぐことです。「見える化」については，遠藤功が詳細に紹介しており，組織内において「こうしたい」という意志が自然と育まれるための1つの方法です[6]。

　遠藤は，主に製造業等の工場や一般企業などの現場を踏まえ「見える化」を，①問題の見える化，②状況の見える化，③顧客の見える化，④知恵の見える化に区分しています。事実や数値が自然と目に飛び込んでくるようにすることにより，新たなものが育まれ，新たな行動の誘発につながる点を指摘しています。こうした遠藤の「見える化」の枠組みを用い，図書館におけるデータ活用を考えてみましょう。

1）問題の見える化

　問題や異常を瞬時に見えるようにすることで，大きな異常になる前に，小さな異常をつかみ，改善につなぐ方法です。組織・部署において危機意識を醸成することは，ここに含まれます。

　具体的な方法として，下記のようなデータを事務室内に掲示したり，職員専用のポータルサイトへリンクする，定例の会議で配布するなど，必然的に職員が目にするところに提出することが必要です。

> 学科別の図書購入冊数
> 不明本の冊数
> 利用者のクレーム・トラブル
> 地震発生時のヒヤリハット　など
> 　　〈その他〉学科別教授会出席率
> 　　　　　　　入試区分別退学者数

2）状況の見える化

　現在の活動の実態，ステータスが見えることにより，現在の状況を把握し，自身の日常の行動に生かされることです。今日，今週，今月，今年といった状況の時間軸も考えることが必要です。

> 図書費の執行状況
> 電子ジャーナルのアクセス数
> 今日の入館者数，貸出冊数
> 今日のお話会の参加者数
> 図書別予約待ち件数一覧
> 事業計画の進捗状況
> 他大学，同規模図書館とのデータ比較　など

3）顧客の見える化

単に利用者の声を集めるのではなく，組織の構成員で共有し組織として活用することです。さらに，組織の構成員のみならず，利用者が現在の状況を見えるようにすることも意味しています。

> 利用者の声（投書）とその対応・回答を掲示
> 利用者座談会を館報に掲載
> 貸出ランキングの表示
> 書評の共有（他の利用者のお薦め本）
> 図書館の基礎的統計・利用状況の公表
> ILL・リクエスト作業の進捗状況　など

4）知恵の見える化

問題を特定の職員に頼ってしまったり，ある仕事が属人化されることなく，過去の知恵や技，コツを共有化し，組織的な問題解決へ結びつけることです。

> レファレンス事例集（回答のノウハウを共有）
> 危機管理時の対応方法集
> 新図書館建設時のロードマップ
> 　（解決策，過去の成功体験の共有，考えた道筋）

過去に改善したことの記録（ベテラン職員の知恵）　など

　こうした「見える化」は，組織を活性化・促進するためのものです。「○○せねばならない」，などと組織内で強制的に指示をすることを意味しているのではありません。事実や数値が目に飛び込んでくるよう工夫することにより，組織内構成員の意識改革や組織の風土改革，さらには職員の潜在能力を自然と引き出すことにつながります。気づきを育み，日常の活動をさらに主体的に促進するといった効果があります。

　注意する点として，多くの数値を「見える化」したり，思いつきで「見える化」するのは好ましくありません。「見える化」をすることにより，逆に構成員から反発を受ける場合もあります。組織の課題を踏まえ，データを絞って慎重に「見える化」する必要があります。「図書館をこうしたい」「データをこうしたい」，という想いや意志があってはじめて，「見える化」を行うデータの選択が可能になります。

●調査・分析，そして「行動」へつなぐ

　2つ目が，ほしいデータを主体的に調査をして収集し，分析することによって，次の行動，改善に活かす方法です。図書館の現場で改善したいことなど問題点や課題がある場合，図書館が自らデータを収集することによって，次なる行動につなぎます。利用者調査や満足度調査など，多くの図書館で行われています。

　例えば，次のような場合を挙げることができます。

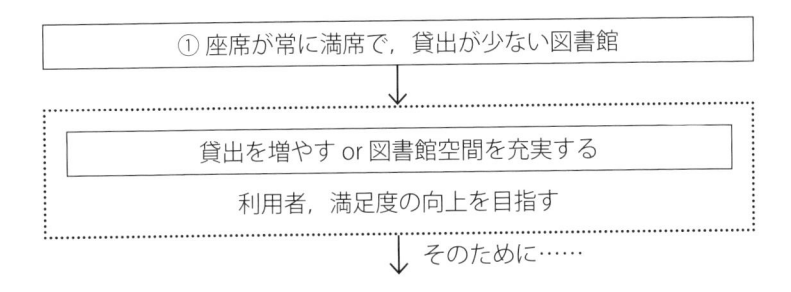

```
① 座席が常に満席で，貸出が少ない図書館
            ↓
    貸出を増やす or 図書館空間を充実する
    利用者，満足度の向上を目指す
            ↓ そのために……
```

```
┌─────────────────────────────────────────┐
│  来館者調査：利用者の特徴の把握，来館目的，│
│        座席への要望などを聞く            │
└─────────────────────────────────────────┘


┌─────────────────────────────────────────┐
│ ② ガイダンス時の説明方法に不安に感じている図書館員 │
└─────────────────────────────────────────┘
            ┌┄┄┄┄┄┄┄┄┄┄┄┄┄┄┄┄┄┄┄┄┄┄┄┄┄┄┄┐
            ┊ ┌─────────────────────────┐ ┊
            ┊ │わかりやすい内容に改善 説明方法の改善│ ┊
            ┊ └─────────────────────────┘ ┊
            ┊   ガイダンスの質を向上・利用者の学びにつなぐ  ┊
            └┄┄┄┄┄┄┄┄┄┄┄┄┄┄┄┄┄┄┄┄┄┄┄┄┄┄┄┘
                        ↓ そのために……
┌─────────────────────────────────────────┐
│      ガイダンス時にアンケートの配布：      │
│  説明内容，説明方法，何がよかったか，などを聞く │
└─────────────────────────────────────────┘
```

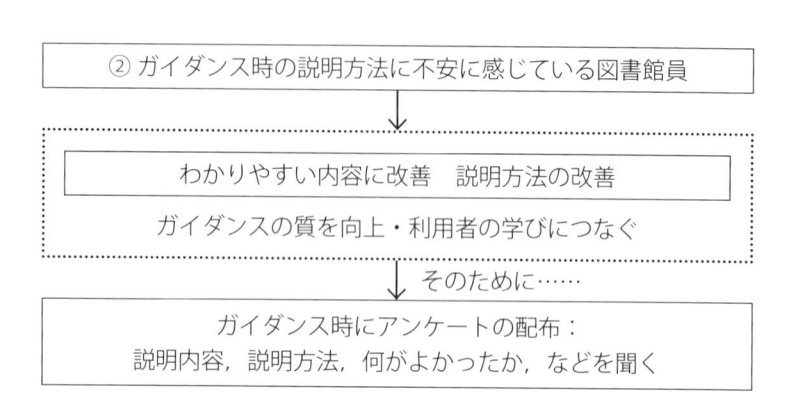

　こうした調査の多くは，図書館の現実の課題を踏まえた設問になります。すでにある問題意識や仮説を踏まえ，調査し，課題が明確になり，そして改善（行動）へつなぐことができます。もちろん，設問の設計も重要で，組織内・部署内で打ち合わせを行い作成します。

　しかし，こうして収集したデータを分析するためには，収集したデータをそのまま鵜呑みにせず，批判的に評価し，回答者群や他の要因・背景を探ることが必要です。

●利用者の回答結果を考える

　表Ⅱ-1は，ある理工系B大学図書館において，「あなたが本学の図書館で特に充実・改善すべきだと思うことは次のうちどれですか（複数選択可）」という設問の回答です。回答にはWebフォームを活用し，非来館者も対象に全学の利用者を対象にしました。

　回答をみると，「図書冊数の増加・充実」や「開館日・開館時間の改善」の回数が多いことがわかります。データをこのままみると，上位の内容を改善しなければならないといえるかもしれません。しかし，調査対象の図書館は，理工系大学の図書館です。果たして改善することはそれだけで良いでしょうか。

表Ⅱ-1　図書館で充実，改善すべきと思う点

選択肢	回答数	%
図書冊数の増加・充実	125	10.9
開館日，開館時間の改善	106	9.2
館内の快適な温度設定（空調の管理）	83	7.2
貸出冊数・期間の増加	79	6.9
個人学習ブースの設置	79	6.9
座席数の増加	74	6.4
グループ学習室の設置	70	6.1
雑誌タイトル，製本雑誌の充実	67	5.8
コピー機の充実	61	5.3
図書館マナーの指導・徹底	59	5.1
図書の予約の実施	49	4.3
電子ジャーナルタイトルの充実	46	4.0
パソコン設置台数の充実	41	3.6
データベース数の充実	36	3.1
特になし	35	3.0
電子ブックタイトル数の充実	31	2.7
電子ジャーナル・電子ブックの使いやすさ・ナビゲート	25	2.2
図書館ホームページの充実	23	2.0
カウンターの対応改善	20	1.7
清掃の徹底	19	1.7
文献検索ガイダンスの実施回数の増加	11	1.0
その他	11	1.0

　設問の回答数を単に眺めるのではなく，データの背後にある原因や，回答者群（例えば，学科，学年等）の特徴を踏まえるなど，「本当にそうなのか」といった批判的な視点でデータをみる必要があります。上記は理工系大学の例になりますので，例えば下記のような分析の切り口があるでしょう。
・「図書冊数の増加・充実」を選択した回答者群の分析（学年，学科）

- 「開館日・開館時間の改善」を選択した回答者の来館目的，来館頻度の分析
- 「電子ジャーナルタイトルの充実」を選択した回答者群の分析

　しかし，こうして分析したデータが図書館の問題を直接示すことはありません。単に問題を提起しているにすぎないのです。データが表現している問題提起をキャッチするためにも，「ここから何をするのか」「データをどうしたいのか」，という意志を持つことが必要です。つまり，調査に先立ち，何のために調査するのかを明確にすることが，具体的な行動につなぐことになります。例えば図書館として，「電子リソースのさらなる充実」を目標に掲げていた場合，下記のように考えることができます。

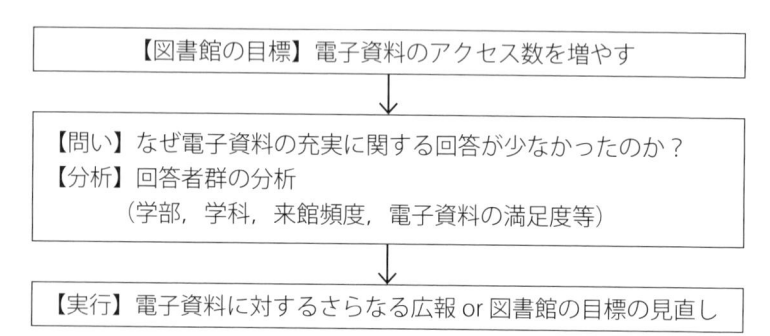

```
【図書館の目標】電子資料のアクセス数を増やす
          ↓
【問い】なぜ電子資料の充実に関する回答が少なかったのか？
【分析】回答者群の分析
       （学部，学科，来館頻度，電子資料の満足度等）
          ↓
【実行】電子資料に対するさらなる広報 or 図書館の目標の見直し
```

●個々のデータを分析し，企画・提案へ

　3つ目は，毎年収集している個々のデータをどのように活かすのかという点に焦点を当てます。毎年収集しているデータとは，貸出冊数や入館者数，コピー枚数，電子ジャーナルアクセス数などです。みなさんは，こうしたデータをどのように活用しているでしょうか？

　まず，どのように活かせばよいのかを考えるうえで，図書館以外の考えやすいデータを用いていきます。表Ⅱ-2は，C大学学科別の5年間の除籍率です。除籍率とは，「除籍退学者数／4月1日時点の在籍数」で計算しています。多くの大学は退学する前に，担任の教員や学科長との面談を経ています。

　表Ⅱ-2のデータをみて，どのような点に気がつくでしょうか。さらに，分析するために，他にどのようなデータが必要になるでしょうか。特に私立大学関係者にとって，除籍退学者の割合を減らすことは，大きな課題になっていま

表Ⅱ-2　C大学学科別の5年間の除籍率（%）

年度	A学科	B学科	C学科	D学科	E学科	F学科	平均
2008	4.37	4.28	4.75	3.36	1.42	1.62	3.30
2009	2.93	4.04	4.59	3.95	1.33	1.79	3.11
2010	3.22	2.51	5.23	1.95	5.01	3.15	3.51
2011	2.91	4.10	5.18	2.88	3.38	2.89	3.56
2012	2.86	3.05	5.18	3.23	2.96	4.18	3.58

す。
- C学科の除籍率が高い理由は何か？
- 推薦入試，一般入試別の比率は？
- 学科ごとのばらつきを抑える全学的対策の必要性
- 教員の面談の手法（面談する教員の対応方法により数値に差が出る？）

　このように，数多くの気づきや，他のさまざまなデータの必要性が考えられます。実は，こうした気づきの背景には，これらのデータをみる前提として，無意識に，「除籍退学者を減らしたい」「大学経営を安定化させたい」「学生の満足度を高めたい」，という目標やありたい姿，明確な意志が定まっているからです。そのため，多くの課題や問題点，どのように改善すればよいのか，ということを数多く指摘することができます。

　逆に，こうした例は極めて稀ですが，除籍率が高いことを売りにする大学もあるかもしれません。期末試験による評価を厳しくし，授業内容も難しい内容にする，という厳しい教育方針の大学です。

● 電子ジャーナルアクセス数を考える

　表Ⅱ-3は，D大学図書館の電子ジャーナルパッケージ（日経ＢＰ記事検索サービス）のアクセス数です。

　電子ジャーナルについて多くの方は，「アクセス数を増やしたい」，「利用者数を増やしたい」と考えていることでしょう。こうしたデータから，人気の雑誌タイトルが具体的にわかります。そして，「データをどうしたいか」という考えにより，他のデータの収集項目や，「実行」の方向性も変化します。

表Ⅱ-3　電子ジャーナルタイトル別アクセス数

雑誌名	アクセス数
日経ビジネス	3,890
日経コンピュータ	2,354
日経アーキテクチュア	2,330
日経サイエンス	2,068
日経キッズプラス	1,807
日経 WOMAN	1,385
日経 TRENDY	1,057

1）アクセス数を増やしたい

> 上位の雑誌のアクセスをさらに増やしたい。
> ↓ そのためには……

- アクセス数上位の雑誌を紙媒体で購入（相乗効果）
- ポスター作成時に，アクセス上位の表紙イメージや事例を掲載
- 館内や図書館 web ページにランキングを「見える化」
- 利用者の属性（学年，学科等）を調査し，利用の多い利用者群へさらなる広報

2）アクセス数を増やしたい

> パッケージ全体のアクセス数を増やしたい。
> ↓ そのためには……

- 広報時にユニークな記事の紹介
- 学生の具体的な活用事例の紹介
- 授業（教員）やガイダンスでパッケージの存在と利用方法の周知
- 利用者の属性（学年，学科等）を調査し，少ない利用者群へ広報

　このように，「データをこうしたい」「大学をこうしたい」，などという意志や想いが個々のデータを活用するための前提になります。そして，改善するために何をする必要があるのかを考え，鋭い視角でデータを見つめる必要があり

ます。
　個々人や係において，「こうしたい」という意志がなければ，いくらデータを眺めても，具体的に何をして良いのかわからない，ということになります。

●複眼的にデータを活用し，組織を動かす

　最後に，相手を説得して企画や提案を行い，組織を動かす場合です。
　例えば，図書や雑誌の配置場所の変更，新たな電子媒体の導入，貴重書のデジタル化やWebページの制作，移動図書館巡回ルートの変更など，現状を改善するための提案は数多くあります。こうした提案をする際には，個人で勝手に行なうのではなく，企画書を作成し，上司の確認を得て，部内ミーティングで報告・承認する手続きが必要になります。さらには，図書館以外に他部署にも関係する提案や，図書館を含む組織全体で取り組む大きな提案の場合には，図書館長のみならず，事務局長や学長，総務部などの了解を得なければなりません。
　こうした企画や提案について相手を説得するため，図書館のデータをさらに積極的に活用する枠組みをご紹介します。その方法は，A4判で数ページもの企画書を作成するのではなく，A3判1枚（もしくはA4判1枚）で通覧性を有し，端的にわかりやすく，筋道立てて論理的に図を用いて資料を作成することです。特に，職制があがればあがるほど，ポイントを明確に，かつ資料の量は少なく

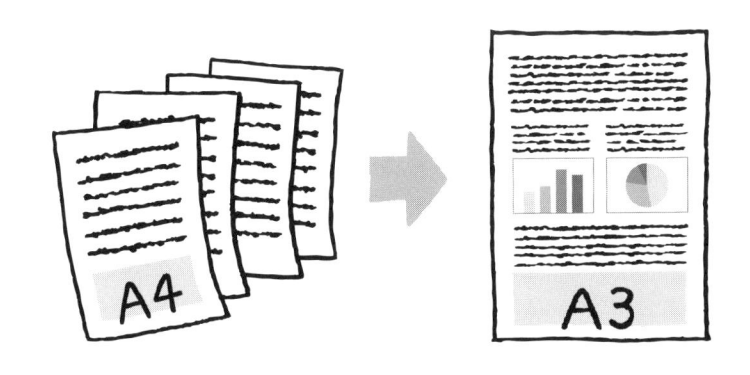

図Ⅱ-7　全体を概観できる資料へ

しなければなりません。説明する時間は少ないため，判断をすぐにできる資料を作成することが求められます。

例えば，みなさんが勤務する図書館には電子ブックがあまり導入されていません。しかし，こうした時代ですから，担当者としてはぜひとも多くのタイトルを導入し，あわよくば電子ブックのバックファイルも導入したいという意志があります。積極的に導入を推進するためには，目的を明確にしたうえで上司から承認をもらい，財務部門の承認を経て予算を獲得する必要があります。そのためには，どのようなデータが必要になるでしょうか？

1）現在の状況

まず，現在勤務する図書館の状況を整理する必要があります。ここでは，「なぜこの図書館に電子ブックが必要なのか」という意志を示すデータが必要です。例えば，下記のようなデータを提示します。

- 最近，Web からのアクセス数が増加していること
- 利用者調査や利用者の声の中に，電子資料を増やしてほしいという声が増加していること

具体的には，下記のデータをあげることができます。データは，一覧表でも構いませんが，例えば過去から現在までの推移をグラフに整理するとわかりやすいです。

　　　→図書の貸出冊数
　　　→図書館 Web ページのアクセス数，Web からの予約件数
　　　→ OPAC のアクセス件数
　　　→電子資料への要望件数
　　　→現在の電子ブックのタイトル数

単にデータを羅列するだけではなく，図書館の意志につなぐことができる説得力あるデータを示すことが必要です。

2）他館との比較

次に，現在の図書館の状況を踏まえ，他の図書館の状況を整理します。競合する自治体・大学の図書館や，同規模，先進的図書館の現状を整理します。先進的図書館を含めるのは，データを比較することにより危機感をさらに醸成することにあります。

他館と比較するデータとしては数多く挙げることができますが，説得するためのデータとして，効果的なものを取捨選択することが必要です．例えば，下記のデータをあげることができます．
- 電子ブックを導入している図書館数の推移
- 電子ブックのタイトル数の比較
- 電子資料費の比較
- 電子ブックへのアクセス数

こうしたデータやグラフを単に記載するだけではなく，例えば下記のように，データの解釈も要点を絞って記載すると効果的です．
- 電子ブックを導入している図書館が急激に増えている．
- 本学図書館と同等規模の図書館全てが電子ブックのタイトル数を毎年増やしている．

3）外部環境・未来予測

これらのデータを踏まえ，なぜ多くの図書館が電子ブックを導入しているのかを説明するため，外部環境や未来予測のデータを活用します．例えば，下記のデータをあげることができます．
- 電子ブックの売り上げ推移，未来予測
- 電子ブックのコンテンツ数の推移，未来予測
- 紙媒体雑誌の販売数，刊行数の推移
- 電子資料のタイトル数に対する評価（外部評価）
- 利用者の評価の傾向，電子ブック利用年齢層

こうした外部環境や未来予測のデータは，図書館に所蔵されているレファレンス資料や Web から収集できます．しかし，A3 判に全て記載するのは難しいので，説明する相手の目線に立って印象に残るデータを選択する必要があります．

もちろんここでも，単にデータを記載するのではなく，データの解釈を記述します．
- 2010 年から急激に電子ブックの売り上げが伸びている．
- 紙媒体の資料の刊行点数が減少し，このままのペースで進むと，○%が電子資料になる．

- 一般的に電子ブック利用者は，長所として，○○と○○を上位に挙げている。

4）活用事例

さらに，先導的かつ同等規模の図書館の事例を記載します。できるだけ身近な図書館を取り上げ，現在勤務する図書館が乗り遅れているような印象を持たせることも必要です。ここでは数値ではなく，下記のような具体的で魅力的な事例を記載します。

- 電子ブックを導入した波及効果
- 図書館 Web ページの魅力的な構成
- ガイダンスや授業での活用事例
- 新聞等における報道例

これらのデータは，雑誌の記事や Web から収集できます。収集が難しい場合は，その図書館へ問い合わせてみると良いでしょう。

5）財務的基盤

ここでは，電子ブックの導入を支える基盤として，同等規模の図書館（4～5館程度）の財務データを比較します。つまり，これまで述べてきた内容を支えるための基盤となるデータです。例えば，下記のデータになります。もちろんデータを比較することによる解釈も記載します。

- 図書費総額のうち，電子資料費，資料費，雑誌費等の比較（過去5年間のグラフ）

6）必要性を訴える

そして最後に，電子ブックを図書館に導入する必要性を説きます。これまでに掲載したデータや事実をもとに，「本当に現在の図書館はこのままで良いのか」という問題提起を行い，「だから電子ブックを導入する必要がある」という説得力のある文章を記載します。

ここでの内容についても，数行にわたる文章を記載するのではなく，効果的に図を用いて作成します。

| 多くの図書館は電子ブックを導入し，利用者にも好評である |

↓ さらに……

```
┌─────────────────────────────────────────┐
│  時代の変化の中で端末の開発が進み，コンテンツ数も増え，    │
│      急速に電子ブックの可能性が広がっている          │
└─────────────────────────────────────────┘
              ↓ したがって……
┌─────────────────────────────────────────┐
│       電子ブックを導入しない図書館は，            │
│         社会や利用者から評価されない             │
└─────────────────────────────────────────┘
              ↓
┌─────────────────────────────────────────┐
│ ・まずは毎年電子ブック導入を予算化し，少しずつ確実に整備   │
│   する必要がある                          │
│ ・1〜2年何もしない状況が続くと，この時間を取り返すには， │
│   膨大な労力がかかってしまう                  │
└─────────────────────────────────────────┘
```

7）全体の構成

　1）〜6）の内容を図Ⅱ−8のようにA3判1枚で整理すると，提案の全体像を描くことができます。

　もちろん，説得する内容によって必要となるデータの種類や数は変わりますが，注意すべきことは，単なるデータの報告に終始してしまわないことです。資料をつくることが目的ではなく，自分の意志を相手に伝え，組織を動かすこ

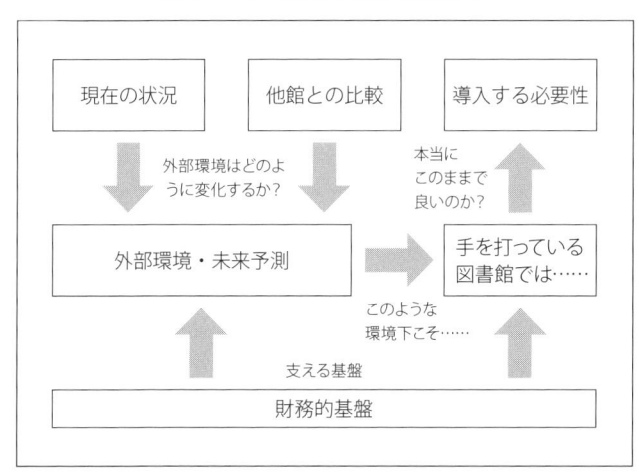

図Ⅱ−8　提案の全体像を描く

```
┌──────────┐  ┌──────────┐  ┌──────────┐
│  現在の状況  │  │  他館との比較 │  │ 導入する必要性│
└──────────┘  └──────────┘  └──────────┘
      ↓ 外部環境はどのよ      ↑ 本当に
        うに変化するか？         このままで
                            良いのか？
┌──────────────┐      ┌──────────────┐
│ 外部環境・未来予測 │ →→→ │ 手を打っている  │
│              │      │ 図書館では……    │
└──────────────┘      └──────────────┘
      ↑        このような        ↑
               環境下こそ……
               支える基盤
┌─────────────────────────────────┐
│            財務的基盤              │
└─────────────────────────────────┘
```

とが目的ですから，相手の目線に立ち，筋道を立ててデータを整理します。

「このようなデータになったのでどうしましょうか」，という受け身の資料ではなく，「こうしたい」「このように改善したい」，という未来の図書館をつくる意志や想いが資料作成の大前提になります。

考える1　図書館のビジョンをつくる

　最近，図書館の仕事が前年踏襲する傾向にある，研修に行っても実現できず歯がゆい気持ちになっているなどを背景に，勤務している図書館の将来ビジョンをつくる必要性を組織内で説くとき，Ａ３判１枚の資料として，どのようなデータを活用して，どのようにまとめればよいでしょうか。

　資料を作成する前に，下記の点を明確にすることが必要です。
- 誰に対して説明するか
    →同僚か上司か，図書館以外の上司か
- なぜ勤務している図書館にビジョンが必要か

　これらを明確にしたうえで，一例として下記のようなデータをそろえることが考えられます。
①現在の図書館は，前年踏襲していることを示すデータを整理する。
②他館のビジョンの事例や，ビジョンをつくったプロセスを取り上げる。
③ビジョンがあると，計画的に新しいサービスや事業を展開できることを，事例を踏まえて指摘する。
④スケジュールも含め，ビジョンを策定する方法を具体的に提案する。

1-4　データを「実行」につなぐ

●データをどうしたいか？　図書館をどうしたいか？

　ここまでデータを「静」から「動」として捉え，次の行動・実行に活かすための枠組みを4点紹介しました。そして，1つひとつのデータをどのような視角で見ればよいのか，数多く存在するデータをどのように活かせばよいのか，ということに焦点を当ててきました。こうした枠組みでデータをとらえることにより，単に報告したり眺めていたデータのさらなる可能性が拓かれます。

　例えば，大学ランキングや自治体ランキングなどが雑誌などに大きく掲載されています。しかし，ランキングの根拠となった指標がおかしいと思った方は多いのではないでしょうか。外部のランキングや既存の指標に頼ることなく，自分たちでランキングの指標をつくりデータを活かす，という発想が必要ではないでしょうか。

　データを活用する前提として，業務の問題意識を明確にし，データをどうしたいのか，という意志が必要になることを紹介しました。データを活用するということは，みなさんが図書館で何をしたいのか，勤務している図書館をどうしたいのか，図書館のありたい姿は何か，ということと非常に密接です。

●意義や価値を問う

　しかし，データ分析・活用の延長上のみに図書館の豊かな実践や図書館サービスの創造があるのでしょうか。さらに，データを活かし，単に何かしらの実行につなぐだけで良いのでしょうか。

　図書館とは教育機関です。効率，評価が求められる昨今の環境下でも，むしろプロセスを探求したり，実行する価値や社会的意義を重視することも必要ではないでしょうか。現場の課題を敏感に感じ取り，図書館のサービスを持続的に創るためには，こうしたい，こうありたいという意志を持ち，組織全体でデータを「動」と活用する私たちの姿勢や意志が大きく問われているといえます。

2．戦略マップをつくろう

2-1　戦略マップの概要

　ここからは，組織のビジョンをどのように設定し，実現するために何をする必要があるのか，そして，その方法を評価する指標としてデータをどのように活用できるのか，という枠組みを具体的に考えていきます。何気ないデータを含め，データを「静」から「動」として活用するための１つのフレームです。

●バランス・スコアカードの準用
　本章で取り上げる戦略マップとは，バランス・スコアカードを準用し，これを少人数の図書館の現場でもすぐに役立つようにアレンジしたものです。バランス・スコアカードとは，ロバート・S・キャプランとデビット・P・ノートンがつくりだした戦略的なマネジメントシステムです[7]。この手法の特徴は，ビジョンやありたい姿を明確にしたうえで，「財務の視点」「顧客の視点」「業務プロセスの視点」「学習と成長の視点」の４つの視点から，どのようにビジョンを実現するのかという具体的な戦略を検討することにあります。この戦略マップの策定の後，さらに「実現するための方法」（重要成功要因）を検討し，目標値（重要業績評価指標も含む）を設定します。そして，実行計画（年間，四半期，月等）を策定するという流れになります。
　このバランス・スコアカードについては，関連する図書が数多く刊行され，検討するための具体的な方法が紹介されています[8]。多くは営利組織での活用方法が中心です。本書では，仕事が前向きに，そして職場が元気になる考え方

の枠組みを示すこと，さらにはデータを行動・実行につなぐことを主眼にしていますので，できるだけ簡単に，そして図書館の現場ですぐに役立つ１つの考え方として紹介しています。

● **戦略マップの長所**

バランス・スコアカードを用いることにより，ビジョンを実現するための打ち手（戦略）を選択・集中して考えることができます。さらに目標値を掲げることにより，これまでの何気ないデータも，「動」として積極的に活かせます。

戦略マップの検討の過程で，ビジョンを実現するための数多くの方法の中から，重要で優先順位の高い方法を選択することができます。その結果，戦略マップを作成すると，組織の方向性や戦略全体を鳥瞰することができます。そして，ビジョンを実現するための戦略全体が，組織の構成員に対して共有することもできます。

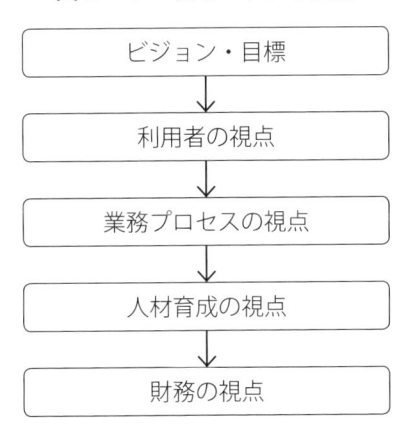

図Ⅱ-9 戦略マップの視点

```
┌─────────────────┐
│  ビジョン・目標  │
└─────────────────┘
         ↓
┌─────────────────┐
│   利用者の視点   │
└─────────────────┘
         ↓
┌─────────────────┐
│ 業務プロセスの視点 │
└─────────────────┘
         ↓
┌─────────────────┐
│   人材育成の視点   │
└─────────────────┘
         ↓
┌─────────────────┐
│    財務の視点    │
└─────────────────┘
```

2-2　戦略マップの作成

● **ビジョンや目標の設定**

戦略マップを作成するうえで第１の作業は，ビジョンや目標を考えることに

あります。戦略マップをつくる単位として，個人，担当の係，部署（図書館），組織全体などがありますが，まずは個人や係（担当業務）単位で戦略マップを考えていくとわかりやすいでしょう。例えば，係単位でのありたい姿を下記に例を挙げました。

> 【例】他自治体から視察がたくさん来る
> 　　　学部学生の来館者数を増やす
> 　　　メディアへの露出度を高める
> 　　　高齢者の利用満足度を高める
> 　　　図書館のマネジメントをする役職になる，など

ここでのポイントは下記のとおりです。
☐ビジョンや目標の期間をどのように考えるか。1年，5年などにより考える戦略が変わってきます。
☐端的に表現すること。長い文章よりも，短くわかりやすい表現が望ましいといえます。
☐現在の課題を明確にする。目標ばかり考えるのではなく，現在の課題を洗い出し，そこからありたい姿を考えると，いろいろな方向性を出すことができます（As is To be 分析）。
☐みんなでつくる。1人で勝手に考えて，目標を構成員に与えるのではなく，結果が同じであっても，みんなでつくるプロセスが重要です。

コラム⑤　ビジョンをつくる枠組み

(1) As is To be
　現在の課題とありたい姿を明確にし，そのギャップをふまえて，将来の具体的な活動計画や目標を検討する枠組みが「As is To be」です。
①【As is】部署や組織等の現在の課題を考えます。
②【To be】部署や組織等のありたい姿を考えます。

③そのギャップを埋めるために何をする必要があるのかを考えます。

　現状と未来のイメージを共有するため，1人で考えるのではなく，課内や部内の構成員とともに楽しく考えます。もちろん，組織の資源に関するデータや，社会環境の変化に関するデータ，未来予測の記事などとともに考えると多様な意見が出てきます。

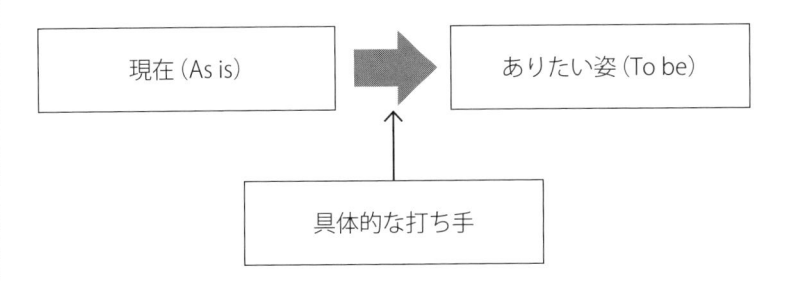

```
[現在（As is）]  ⇒  [ありたい姿（To be）]
                          ↑
                  [具体的な打ち手]
```

（2）SWOT分析

　バランス・スコアカードの手法の初期段階で，戦略を洗い出し，検討する方法の1つとして，SWOT分析がよく紹介されます。ビジョンや目標を実現するために何をするか，をいきなり考え始めても思い浮かびません。そこで，次のような枠組みで考えると，現状や外部環境を踏まえ具体的に何をするのかが明確になります。

① 現在の図書館（もしくは係）の強み（Strength）Ⓐと弱み（Weakness）Ⓑを考えます。

② 図書館にとって外部環境を踏まえた機会（Opportunity）Ⓒと脅威（Threat）Ⓓを考えます。

		強み（内部）	弱み（内部）
		Ⓐ	Ⓑ
機会（外部）	Ⓒ	ⓐ	
脅威（外部）	Ⓓ	ⓑ	

③強み・弱み，機会・脅威とを組み合わせ，今後何をする必要があるのかを考えます。具体的には，「強みを活かし機会を得る」ためには何をするべきかⓐ，「強みを生かして脅威を克服する」ためには？　ⓑ，などを考えていきます。

ここで紹介した As is To be や SWOT 分析は最も代表的な方法ですが，この他にも多くの枠組みがあります（タイムマシン法，2 分割リフレーミング法など）[9]。仲間とともに，みんなで考えるためには，こうしたフレームを活用すると良いでしょう。

●利用者の視点

続いて，先に検討したビジョンや目標を実現するため，まずは利用者の視点で何ができるのかを考えます。

例えば，下記の図のように「利用者とともに図書館をつくる」という図書館のビジョン（ありたい姿）を実現するために，利用者の視点で考えた場合，「利用者の声を聞く機会をつくる」ことや，「利用者同士のコミュニティーをつくる」「図書館員と利用者の距離を縮める」ことを考えることができます。

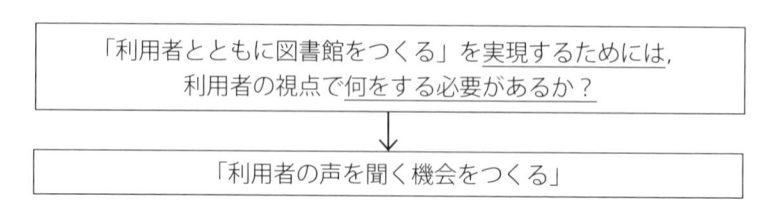

```
「利用者とともに図書館をつくる」を実現するためには，
利用者の視点で何をする必要があるか？
        ↓
「利用者の声を聞く機会をつくる」
```

さらに言い換えると，次のような「なぜ〜」「なぜなら〜」という因果関係も成り立っています[10]。

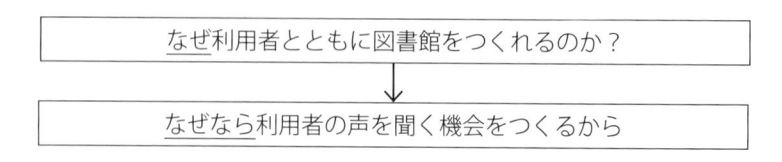

```
なぜ利用者とともに図書館をつくれるのか？
        ↓
なぜなら利用者の声を聞く機会をつくるから
```

この上下の因果関係に無理がないかどうかを検討することも必要です。上下の因果関係が成り立っていない場合は，上部のビジョンを実現できない可能性が高まります。まずはみなさんも利用者の視点で考えてみましょう。数多くあげるのが良いのではなく，組織内で話し合いながら選択することが求められます。

> 【例】くつろげる空間づくり
> 　　　特集図書コーナーの充実
> 　　　飲食スペースの設置
> 　　　イベントや講演会の充実
> 　　　地域・行政資料の充実
> 　　　館内の書架，配置場所の再考　など

図Ⅱ-10　利用者の視点で考える

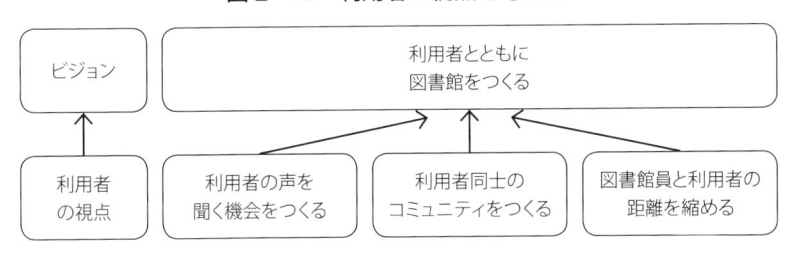

```
ビジョン ← 利用者とともに図書館をつくる
                ↑      ↑       ↑
利用者   利用者の声を   利用者同士の   図書館員と利用者の
の視点   聞く機会をつくる  コミュニティをつくる  距離を縮める
```

● 業務プロセスの視点

　次は，業務プロセスの視点です。文献によっては，「内部プロセスの視点」「内部業務プロセスの視点」などと表現されています。

　業務プロセスの視点では，利用者の視点に記載した戦略を実現するために何を行うのか，を考えます。例えば図書館内部の仕組みを改善することや，新たな制度の創設や既存の仕組みの強化，ある担当係の強化などを検討できます。

> 【例】友の会の創設
> 　　　職員間の情報共有
> 　　　利用者との定期的な交流会の開催
> 　　　レファレンスサービスの質的向上　など

図Ⅱ-11　業務プロセスの視点で考える

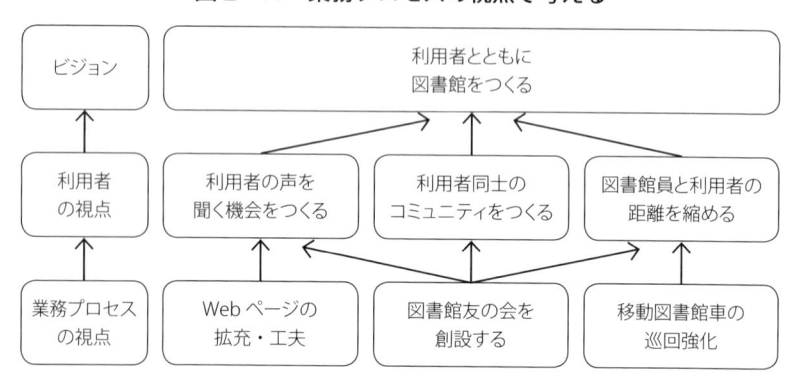

```
ビジョン ──→ 利用者とともに図書館をつくる
                    ↑    ↑    ↑    ↑
利用者      利用者の声を   利用者同士の   図書館員と利用者の
の視点      聞く機会をつくる コミュニティをつくる 距離を縮める
              ↑           ↑           ↑
業務プロセス  Webページの   図書館友の会を  移動図書館車の
の視点       拡充・工夫    創設する      巡回強化
```

　戦略マップには，利用者の視点の下部に業務プロセスの視点を記載します。考え方としては，先の例と同様に，「利用者の声を聞く機会をつくる」ためには，業務プロセスの視点で考えた場合，何をする必要があるのかを考えます。同時に，下記のような因果関係が成り立っていることを確認します。

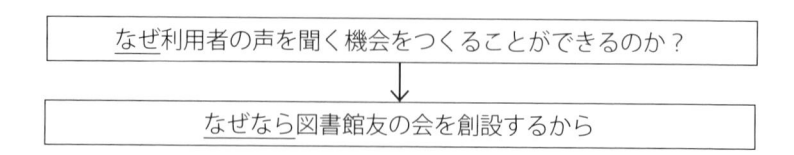

> なぜ利用者の声を聞く機会をつくることができるのか？
> 　　　↓
> なぜなら図書館友の会を創設するから

● **人材育成の視点**

　続いて，業務プロセスの視点を実現するために人材育成の視点から方法を考えます。文献によっては「学習と成長の視点」「人材と変革の視点」などと記述されています。人材育成の視点とは，図書館で働く職員の育成や成長，学習

からの視点により，業務プロセスの視点で検討した戦略を実現するために何をする必要があるのかを検討します。具体的には，ここでもこれまでと同様に，「図書館友の会を創設」を実現するためには，人材育成の視点で何をする必要があるのか，を検討します。同時に，「なぜ○○できるのか」→「なぜなら○○するから」という因果関係が成立している必要があります。例えば，ここでは下記のような内容を検討できます。

> 【例】戦略立案スキルの向上
> 　　　モチベーションの向上
> 　　　常勤，非常勤含めた合同の研修制度の確立
> 　　　風土改革
> 　　　担当・係の再編（グループ制の採用），など

図Ⅱ-12　人材育成の視点で考える

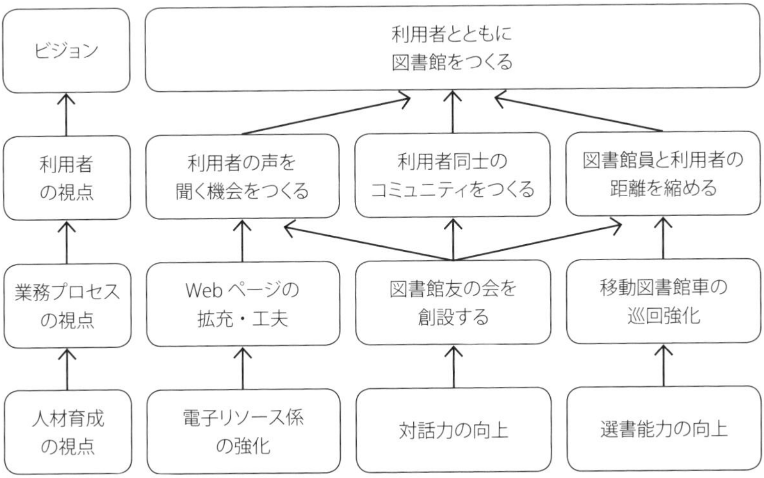

●財務の視点

そして最後に，財務の視点で考えます。通常のバランス・スコアカードの場合，財務の視点が戦略マップの最優先（最上位）に位置づけられます。なぜな

ら，企業の場合は，売上高の向上や高収益の実現，コスト削減など，財務の視点が最も重要視されるからです。

> 【例】他部署からの支援を得る
> 　　　補助金や特別予算を獲得する
> 　　　寄付やスポンサーを得る
> 　　　図書費を安定的に確保する　など

しかし，本書では主に非営利団体（図書館や情報機関）を対象にしているため，利用者の視点を最優先に位置づけています。したがって，ここでの財務の視点は，戦略マップ全体を支える基盤として考えることにします。

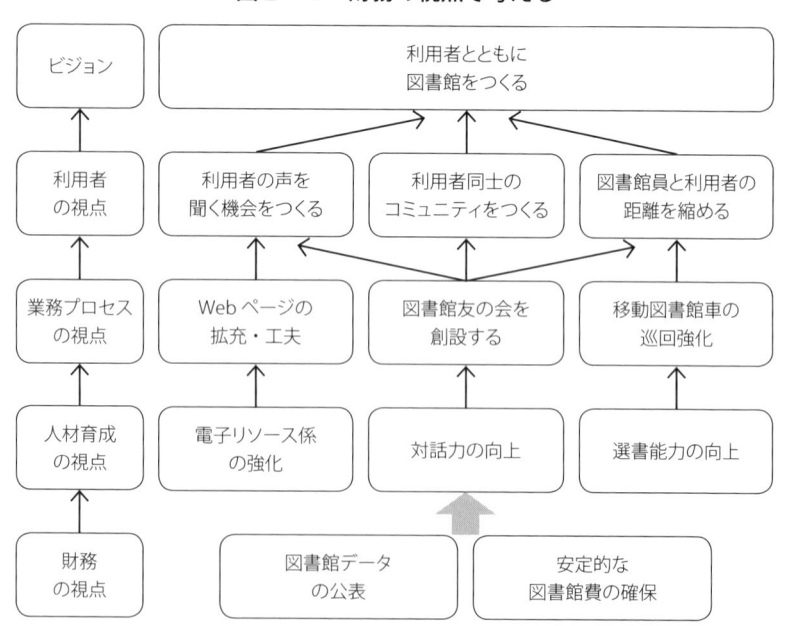

図Ⅱ-13　財務の視点で考える

ビジョン	利用者とともに図書館をつくる		
利用者の視点	利用者の声を聞く機会をつくる	利用者同士のコミュニティをつくる	図書館員と利用者の距離を縮める
業務プロセスの視点	Webページの拡充・工夫	図書館友の会を創設する	移動図書館車の巡回強化
人材育成の視点	電子リソース係の強化	対話力の向上	選書能力の向上
財務の視点	図書館データの公表	安定的な図書館費の確保	

コラム⑥ さまざまな視点

　本書では，戦略マップの視点として，「利用者の視点」「業務プロセスの視点」「人材育成の視点」「財務の視点」を取り上げました。バランス・スコアカードでは，一般的にこれらの視点は，長期・短期，過去・現在・未来という視点で見ることができます。

- 財務の視点　　　　　過去　　短期
- 業務プロセスの視点
- 人材育成の視点
- 利用者の視点　　　　未来　　長期

　これらの視点について，組織によっては，例えば下記のような視点を採用する場合もあります。自治体，病院，大学等の実際の事例を参考にすると，さらに理解が深まります[11]。

- 環境の視点
- 従業員満足度の視点
- 住民の視点
- 患者の視点
- 公共性の視点
- 人的資源の視点
- 組織能力の視点

2-3　実現するための方法を考えよう

　ここまで，バランス・スコアカードを準用しながら，戦略マップについて簡単に概説しました。ビジョンや目標を達成するために，それぞれ4つの視点から何をするのかを上下の因果関係を踏まえ検討しました。

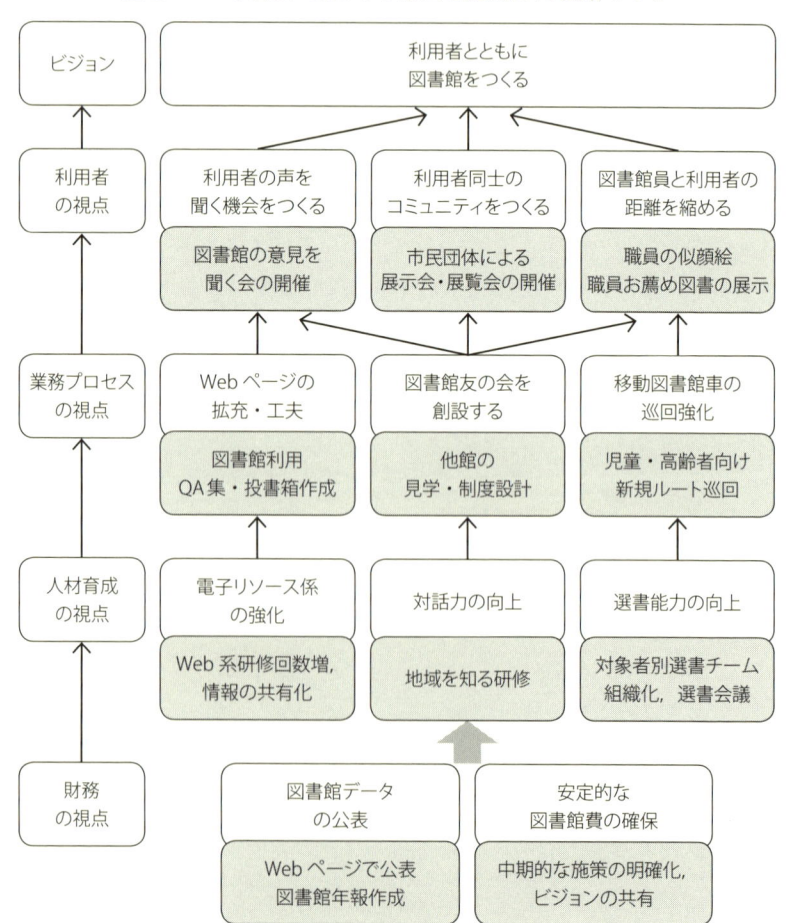

図Ⅱ-14　実現するための方法を記載した戦略マップ

ビジョン	利用者とともに図書館をつくる
利用者の視点	利用者の声を聞く機会をつくる／図書館の意見を聞く会の開催；利用者同士のコミュニティをつくる／市民団体による展示会・展覧会の開催；図書館員と利用者の距離を縮める／職員の似顔絵・職員お薦め図書の展示
業務プロセスの視点	Webページの拡充・工夫／図書館利用QA集・投書箱作成；図書館友の会を創設する／他館の見学・制度設計；移動図書館車の巡回強化／児童・高齢者向け新規ルート巡回
人材育成の視点	電子リソース係の強化／Web系研修回数増，情報の共有化；対話力の向上／地域を知る研修；選書能力の向上／対象者別選書チーム組織化，選書会議
財務の視点	図書館データの公表／Webページで公表・図書館年報作成；安定的な図書館費の確保／中期的な施策の明確化，ビジョンの共有

ここからは，さらに「実行」につなぐため，4つの視点で考えた戦略を実現し達成するための具体的な方法を考えます。すなわち，どうすれば，How（どのようにして）達成できるのかを考えていきます。実際に考えていくと，達成・成功する具体的方法は数多く思い当りますが，その中でも最も重要で成功すべき方法を選択します。

　このことは一般的に「重要成功要因」と表記されますが，ここではわかりやすく「実現するための方法」としました。左ページの図Ⅱ-14に，具体的な方法を例として記載しました。

　この「実現するための方法」も，先の例と同様に，上下の因果関係になっていることが必要です。

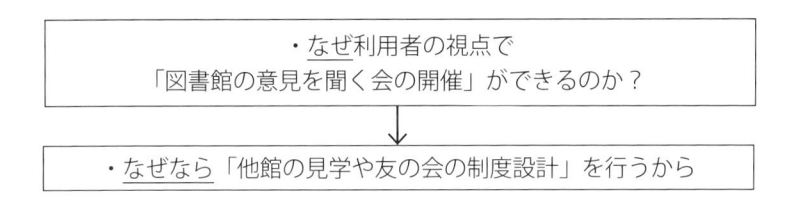

・なぜ利用者の視点で「図書館の意見を聞く会の開催」ができるのか？
↓
・なぜなら「他館の見学や友の会の制度設計」を行うから

　言い換えると，下部の方法が上部の内容にプラスを与え，促進する内容になっています。

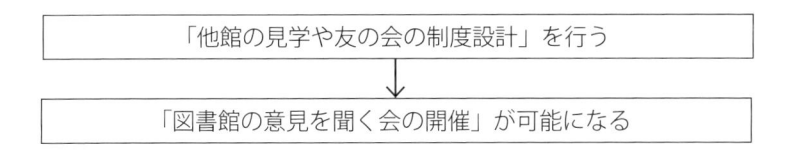

「他館の見学や友の会の制度設計」を行う
↓
「図書館の意見を聞く会の開催」が可能になる

　「実現するための方法」のポイントは，その方法の効果がどのくらいの期間であらわれてくるのかということです。戦略マップに掲げたビジョン・目標の時間軸にあわせて方法を考えると，複数の打ち手の中から重要な手段を選択することができます。「実現するための方法」を検討する方法として，考えられる数多くの方法を箇条書きにあげ，その中から選択するとよいでしょう。

2-4 目標値をつくろう

　そして最後に目標値を考えます。具体的には，2-3で検討した「実現するための方法」について，データがどうなっていれば（どういう状態であれば），達成・成功したことになるのか，を考えていきます。いわば目標となる数値を考えます。
　ここでの目標値にも，多くの考え方がありますが，いずれもどのような時間軸（時間，週，月単位）を考えるのかということも視点の1つです。

1）できるだけ入手しやすい一般的なデータ
　これまで，日常業務で活用できなかった何気ないデータを目標値にすることができます。
2）入手するのは難しい泥臭いデータ
　データを自らの力でつくるということで意義はありますが，他方で，入手・収集すること労力を奪われてしまいます。

　多くの場合は，データの収集に負担がかからない1）の視点でのデータが望ましいといえます。日常業務で発生する数々のデータを活かすことができるからです。
　なお，これまで検討した方法を踏まえ，右ページの図Ⅱ-15に目標値を例として記載しました。
　一般的な目標値の検討方法ですが，いきなり具体的な数値を考えるのではなく，まずはどのような指標にするかを検討します。例えば，「図書館の来館者数を増やす」とした場合，入館者数，1日の入館平均人数，○○学科の入館者数，午前中に入館者数，など，多くの指標があります。これらを「重要業績評価指標」といわれ，この指標を定めてから具体的な目標値を検討します。
　ここでも，先の事例と同様に因果関係を重視し，下部の目標値が上部の目標値にプラスの影響を与えるものが良いでしょう。

II部 「実行」につなぎ，未来をつくる | 131

図II-15　目標値を記載した戦略マップ

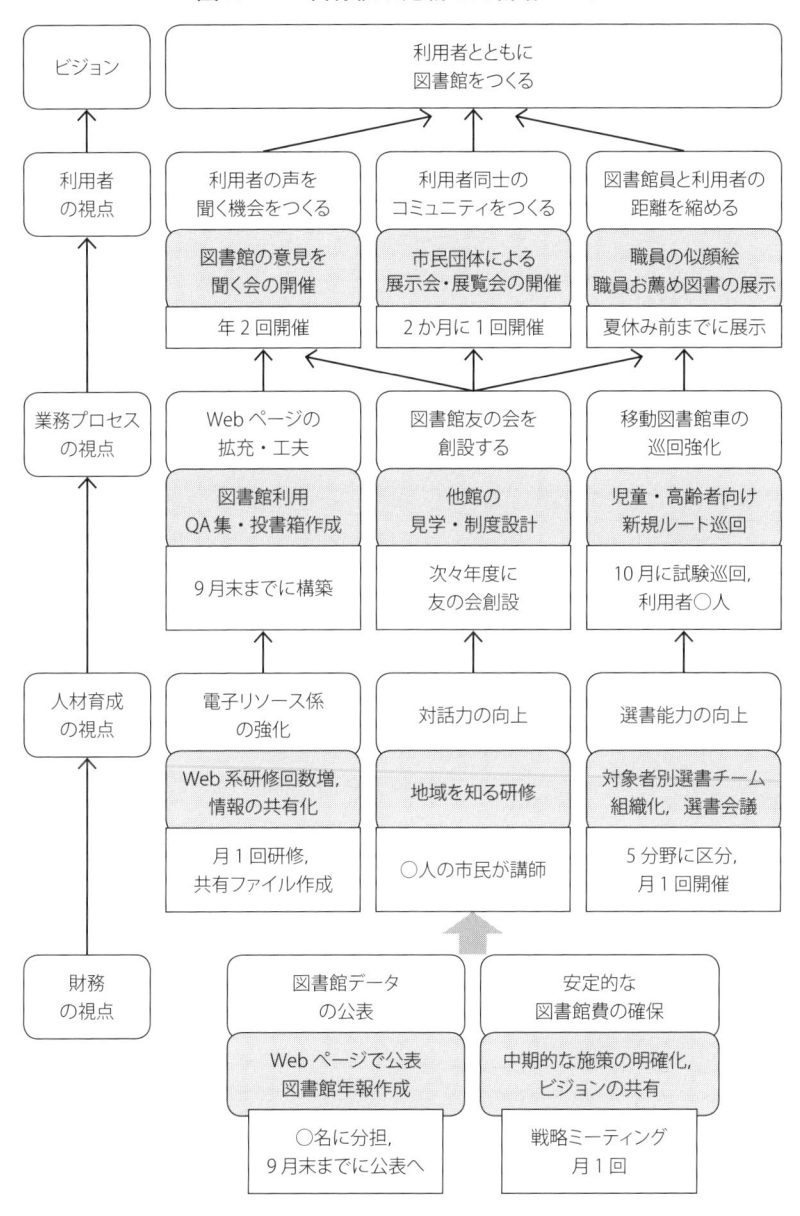

ビジョン: 利用者とともに図書館をつくる

利用者の視点

- **利用者の声を聞く機会をつくる**
  - 図書館の意見を聞く会の開催
  - 年2回開催

- **利用者同士のコミュニティをつくる**
  - 市民団体による展示会・展覧会の開催
  - 2か月に1回開催

- **図書館員と利用者の距離を縮める**
  - 職員の似顔絵、職員お薦め図書の展示
  - 夏休み前までに展示

業務プロセスの視点

- **Webページの拡充・工夫**
  - 図書館利用QA集・投書箱作成
  - 9月末までに構築

- **図書館友の会を創設する**
  - 他館の見学・制度設計
  - 次々年度に友の会創設

- **移動図書館車の巡回強化**
  - 児童・高齢者向け新規ルート巡回
  - 10月に試験巡回、利用者○人

人材育成の視点

- **電子リソース係の強化**
  - Web系研修回数増、情報の共有化
  - 月1回研修、共有ファイル作成

- **対話力の向上**
  - 地域を知る研修
  - ○人の市民が講師

- **選書能力の向上**
  - 対象者別選書チーム組織化、選書会議
  - 5分野に区分、月1回開催

財務の視点

- **図書館データの公表**
  - Webページで公表 図書館年報作成
  - ○名に分担、9月末までに公表へ

- **安定的な図書館費の確保**
  - 中期的な施策の明確化、ビジョンの共有
  - 戦略ミーティング 月1回

コラム⑦ データの限界？

　ここで検討した目標値ですが，回数や件数などを検討したものの，その内容（質）を問わなくても良いのかという疑問があるのではないでしょうか。むしろ，その方法を実行すれさえ良いという考え方になってしまうと，実行すること自体が目的になってしまいます。他方で，データばかりに頼ってしまい，その結果のみを頼りにして評価してしまうことにも疑問を持つ方がいると思います。すなわち，効率や生産性，そしてその結果のみを評価して良いのでしょうか。

　私たちが勤務する図書館や情報機関は，営利組織ではありません。こうしたいという「意志」を持ち，現場の実態を踏まえた業務改善や課題解決を目的として，勇気をもって粘り強く創意工夫を重ねていく[12]，こうしたプロセスが重要になります。検討した戦略やその具体的方法の効率性のみならず，その意義や価値も視野に入れて行動する，という考え方が必要です。

考える2　まずは戦略マップを考えよう！

　本書では，戦略マップの作成について，係という組織単位の内容を主眼として記載してきました。やや難しく感じた方は，例えば，下記のように，ご自身の過去の夢，趣味などについて仮想の戦略マップを考えると，思考のトレーニングができます。

　ここまでの内容をふまえ，ビジョンを掲げ，戦略マップをデザインしてみましょう。場合によっては，視点の内容を変更しても良いでしょう。

　134ページに空欄のワークシートを用意しました。ビジョンを実現

するための具体的な打ち手，そしてデータの活用の枠組みを考えてみましょう。

　①As is To beで現状の課題とありたい姿（ビジョン）を明確にしましょう。

　②戦略マップにおける視点を考えましょう。ここではすでに「利用者の視点」「業務プロセスの視点」「人材育成の視点」を記載しています。

　③各視点の具体的な戦略を考えましょう。上下の内容が因果関係になっていることが重要です。

　④下部の表の「戦略」の欄にも，③と同じ内容を記載しましょう。

　⑤「実現するための方法」を考えましょう。数多くの方法がありますが，その中でも重要で成功する要因を考えます。ここでも，上下の因果関係に留意しましょう。

　⑥「目標値」を考えましょう。どのような指標とし，そしてどのような具体的な数値にするのか，下部の目標値が上部の目標値にプラスの影響を与えるものを検討しましょう。

1）**目標，ありたい姿**
　　（例）ペンションを経営する，プロ野球選手になる，映画評論家になる，田舎で自給自足の生活をする，マイホームを購入する，1年間海外へ留学する，など

2）**「利用者の視点」で実現する方法を考える**
　　（例）集客が見込める立地・デザインの検討，など

3）**「業務プロセスの視点」で実現する方法を考える**
　　（例）優良物件情報の収集，など

4）**「人材育成の視点」で実現する方法を考える**
　　（例）家族などの協力者を増やす，など

補）**「財務の視点」で実現する方法を考える。**
　　　（例）費用の確保，など

　その後，「実現するための方法」や「目標値」も考えてみましょう。

2. 戦略マップをつくろう

図Ⅱ-16　戦略マップワークシート

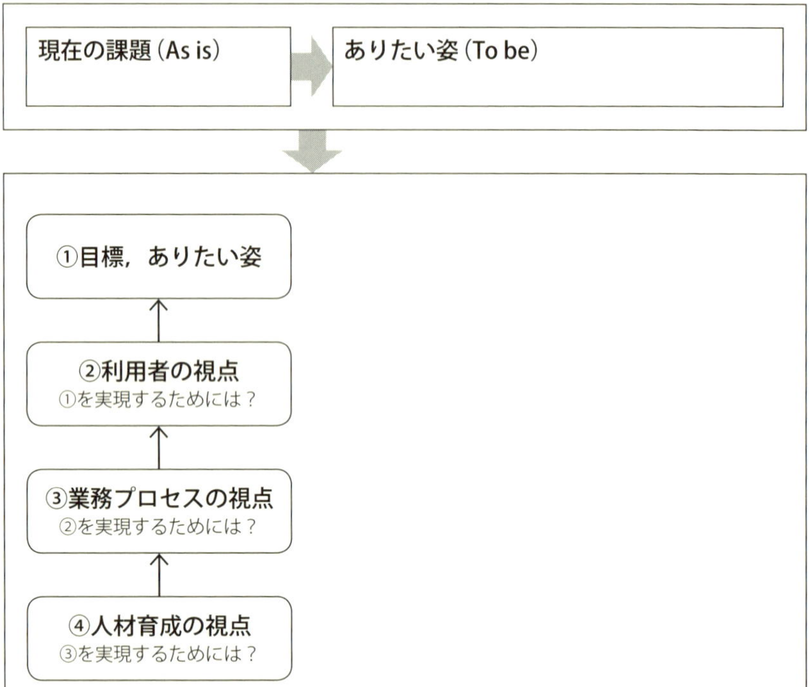

```
[現在の課題（As is）] → [ありたい姿（To be）]
                ↓
        ①目標，ありたい姿
                ↑
        ②利用者の視点
        ①を実現するためには？
                ↑
        ③業務プロセスの視点
        ②を実現するためには？
                ↑
        ④人材育成の視点
        ③を実現するためには？
```

	戦略	実現するための方法	目標値
利用者の視点			
業務プロセスの視点			
人材育成の視点			

2-5　戦略マップの見直し

　ここまで，組織のビジョンをどのように設定し，そしてビジョンを実現するための戦略を検討する方法をバランス・スコアカードの枠組みを準用してみてきました。

　こうして検討した「戦略マップ」「実現するための方法」「目標値」は，次年度以降，勇気をもって見直しを積み重ねていくことが重要です。一度設定したからといって，図書館の活動が「戦略マップ」に縛られることはありません。十分な成果が出なかった場合，各視点の上下の関係が誤っていた可能性があります。1年間の活用や成果を踏まえ，組織内で構成員とともに戦略マップを見直しすることが必要です。仮に中期的な期間にわたる戦略マップであっても，年度ごとに定期的に見直すことが必要です。

　構成員とともに戦略マップがデザインされ，組織内で共有され，戦略や目標値が明確だからこそ，見直しができ，次なる行動へつなぐことができるのです。

コラム⑧　戦略マップの事例

　2012年8月26日のライブラリーマネジメント・ゼミナールにて，「統計データ（評価）を読み解き，計画・企画に活かす」と題して，レクチャーとワークショップを行いました。そのワークショップで受講者が作成された戦略マップの事例を館種ごとに紹介します（p.136-138）。

　なお，このワークショップでは，時間の都合上，「財務の視点」や「実現するための方法」の設定は省略しています。さらに，データの活用を主眼においていましたので，自館のデータを用いた「目標値」とともに，この目標値に影響を及ぼすと考えられる社会的なデータ（背景）も検討しました（★印は講師のコメントです）。

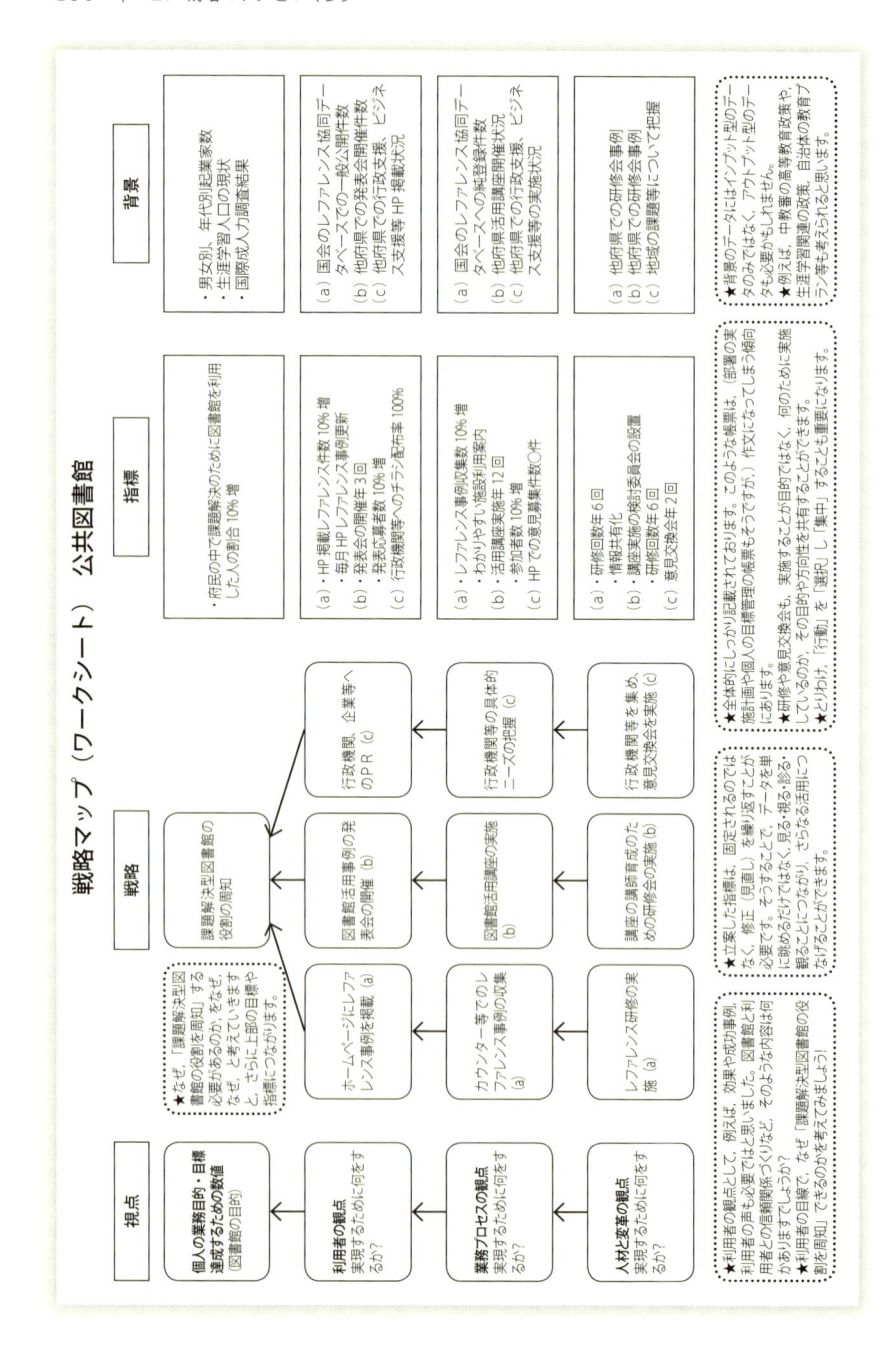

2．戦略マップをつくろう

戦略マップ（ワークシート） 公共図書館

視点	戦略	指標	背景
個人の業務目的・目標達成するための数値（図書館の目的）		・府民の中で課題解決のために図書館を利用したい人の割合10％増	・男女別、年代別起業家数 ・生涯学習人口の現状 ・国際成人力調査結果
利用者の観点 実現するために何ですか？	課題解決型図書館の役割の周知 ホームページにレファレンス事例を掲載 (a) 図書館活用事例の発表会の開催 (b) 行政機関、企業へのPR (c)	(a) HP掲載レファレンス件数10％増 ・毎月HPレファレンス事例更新 (b) 発表会の開催年3回 ・発表応募者数10％増 (c) 行政機関等へのチラシ電子化率100％	(a) 国会のレファレンス協同データベースでの一般公開件数 (b) 他府県でのHP発表会開催件数 (c) 他府県等へのHP掲載状況
業務プロセスの観点 実現するために何ですか？	カウンター等でのレファレンス研修の改革 (a) 図書館活用講座の実施 (b) 行政機関等へのニーズの把握 (c)	(a) レファレンス事例収集数10％増 ・わかりやすい施設利用案内 (b) 活用講座実施年12回 ・参加者数10％増 (c) HPでの意見募集件数5件	(a) 国会のレファレンス協同データベースへの純登録件数 (b) 他府県活用講座開催状況 (c) 他府県等の行政支援の実施状況
人材と変革の観点 実現するために何ですか？	レファレンス研修の実施 (a) 講座の講師育成のための研修の実施 (b) 意見交換会を集め、意見交換会を実施 (c)	(a) 研修回数年6回 ・情報化育化 (b) 講座実施の検討委員会の設置 ・研修会数年6回 (c) 意見交換会年2回	(a) 他府県での研修会事例 (b) 他府県での研修会事例 (c) 地域の課題等について把握

★なぜ、「課題解決型図書館の役割を周知」する必要があるのか、なぜ、必要と考えついています、さらに上部の目標や指標につながります。

★立案した指標は、固定されるのではなく、修正（見直し）を繰り返すことが必要です。そうすることで、データを単に眺めるだけではなく、見る・観る・視るに挑むることにつながり、さらなる活用法につなげることができます。

★利用者の観点として、例えば、事例や成功事例、効果や実施したい、と思いました。図書館と利用者の信頼関係づくりは、そのような内容は大切です。
★利用者の目線で、なぜ「課題解決型図書館の役割を周知」できるのかも考えてみましょう。

★全体的にしっかり記載されております。このような場合は、計画や個人の目標管理の傾向をもちうすうすが、（部署の）実施することが目的ではなく、実施することの目的や方向性を共有することができます。
★研修会等を見ることも、その目的や方向性を共有することができます。
★とりわけ「行動」を「選択」し「集中」することが重要になります。

★背景のデータにはインプット型のデータのみではなく、アウトプット型のデータも必要かもしれません。
★例えば、中教審の高等教育政策や、自治体の教育プランも考えられると思います。

136

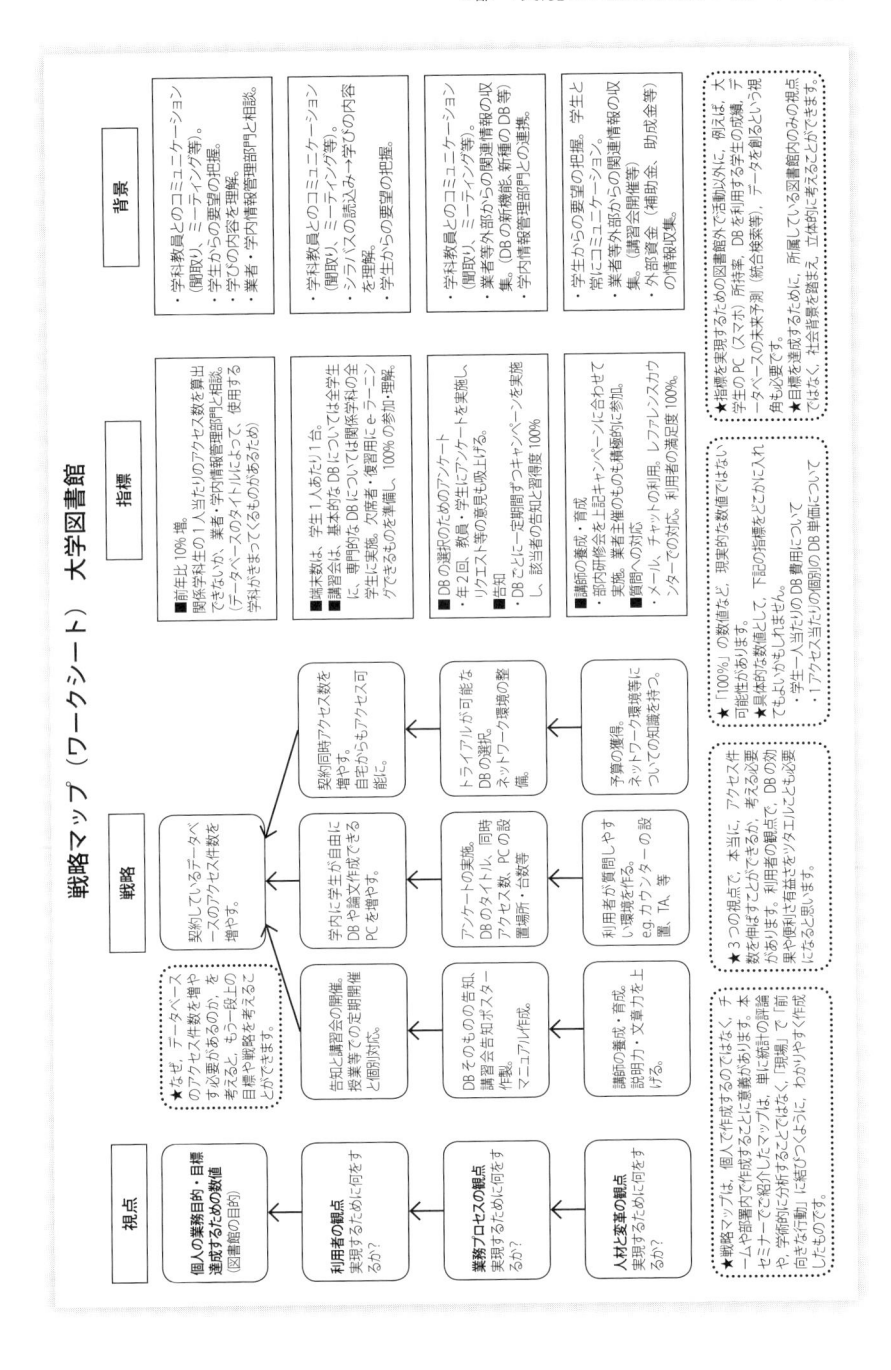

II部 「実行」につなぎ，未来をつくる | 137

戦略マップ（ワークシート） 大学図書館

視点

- 個人の業務目的・目標 達成するための数値 (図書館の目的)
- 利用者の観点 実行するために何をするか？
- 業務プロセスの観点 実行するために何をするか？
- 人材と質の観点 実行するために何をするか？

戦略

- 契約しているデータベースのアクセス件数を増やす。
- 告知と講習会の開催 授業等での定期開催と個別対応
- 契約同時アクセス数を増やす。もう一段上の目標や戦略を考えることができます。

- 学内に学生が自由にDBや論文作成できるPCを増やす。
- DBそのものの告知、講習会告知ポスター作成、マニュアル作成。
- トライアルが可能なDBの選別、ネットワーク環境の整備。

- アンケートの実施、DBのタイトル、同時アクセス数、PCの設置場所・台数等
- 講師の養成・育成 説明力・文章力を上げる。
- 予算の獲得、ネットワーク環境等についての知識を持つ。

- 利用者が質問しやすい環境を作る。e.g.カウンターの設置、TA、等

★なぜ、データベースのアクセス件数を増やす必要があるのか、を考えると、もう一段上の目標や戦略を考えることができます。

指標

■前年比10％増。関係学科生の1人当たりのアクセス数を算出できないか、業者・学内情報管理部門と相談（データベースのサイトによっては、使用する学科がまとまっているものがあるため）

■端末数は、学生1人あたり1台。
■講習会は、基本的なDBについては全学生に、専門的なDBについては関係学科の全学生に実施、欠席者・復習用にeラーニングできるものを準備し、100％の参加理解。

■DBの選択のためのアンケート
年に2回、学生にアンケートを実施しリクエスト等の意見を吸い上げる。
■告知
■DBごとに一定時期にキャンペーンを実施し、該当者の告知と習得度100％

- 講師の養成・育成
- 定期研修会を上記キャンペーンに合わせて実施、教員・学生主催のものも含め積極的に参加。
- 質問への対応
- メール、チャットでの利用、レファレンスカウンターでの対応、利用者の満足度100％

背景

- 学科教員とのコミュニケーション（聞取り、ミーティング等）
- 学生からの要望の把握
- 業者・学内情報管理部門と相談

- 学科教員とのコミュニケーション（聞取り、ミーティング等）
- シラバスの読込み、学びの内容を理解
- 学生からの要望の把握

- 学科教員とのコミュニケーション（聞取り、ミーティング等）
- 業者等からの関連情報の収集（DBの新機能、新種のDB等）
- 学内情報管理部門との連携

- 学生からの要望の把握
- 常にコミュニケーション
- 業者等外部からの関連情報収集、講習会開催等
- 外部資金（補助金、助成金等）の情報収集。

★指標を実現するための活動で、図書館外でも考えられます。例えば、大学生のPC（スマホ）所有率、DBを利用する学生の成績、データベースの未来予測（統合検索等）、結合検索等、角が必要です。
★目標を達成するために、所属している図書館だけの視点ではなく、社会背景を踏まえ、立体的に考えることができます。

★「100％」の数値など、現実的な数値ではない具体性があります。下記の指標をどこかに入れてもいいものです。
- 学生一人当たりのDB費用など。
- 1アクセス当たりの個別のDB単価について

★3つの視点で、本当に、アクセス件数を伸ばすことができるのか、を考えると、利用者の観点、DB効力があります。利用者の観点、DB効力があります。利用者も有益なデジタルライフになる影響の個別のDB単価について果や便利な情報等をビジュアル化し前面に出る立場になる。

★戦略マップは、個人で作成するのではなく、チームや部署内で作成することに意義があります。セミナー等で紹介したマップは、単に統計の資料として紹介するのではなく、「現場」で前向きな行動に結びつくように、わかりやすく作成したものです。

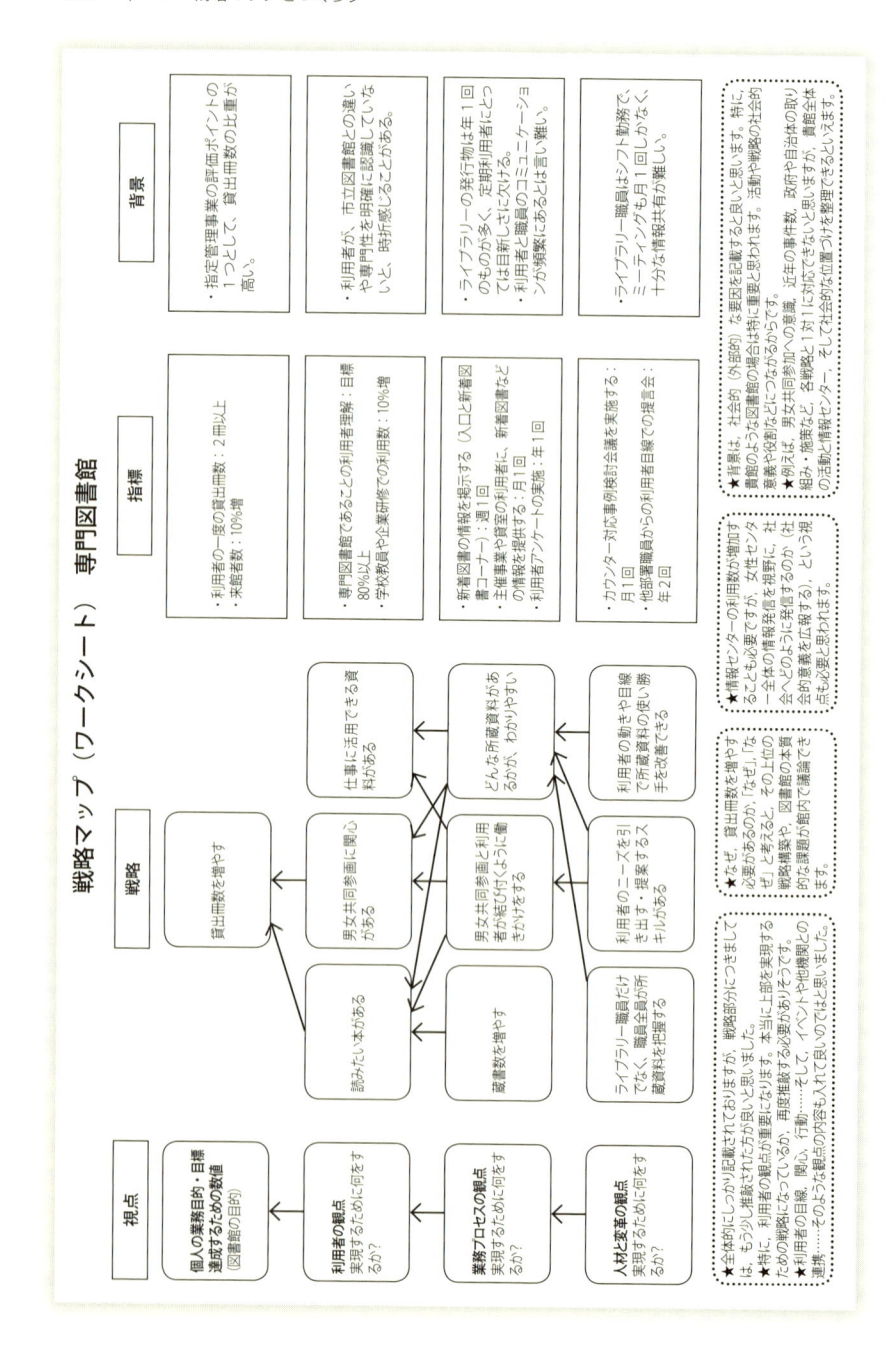

2. 戦略マップをつくろう

戦略マップ（ワークシート）専門図書館

視点

- 個人の業務目的・目標
  達成するために何をするか？
  （図書館の目的）
- 利用者の観点
  実現するために何をするか？
- 業務プロセスの観点
  実現するために何をするか？
- 人材と変革の観点
  実現するために何をするか？

戦略

- 貸出冊数を増やす
- 読みたい本がある
- 蔵書数を増やす
- ライブラリー職員だけでなく、職員全員が所蔵資料を把握する
- 男女共同参画に関心がある
- 男女共同参画と利用者が結びつくように働きかけをする
- 利用者のニーズを引き出す・提案するスキルがある
- 仕事に活用できる資料がある
- どんな所蔵資料があるか、わかりやすい
- 利用者の動きや目線で所蔵資料の使い勝手を改善できる

指標

- 利用者の一度の貸出冊数：2冊以上
- 来館者数：10%増
- 専門図書館であることの利用者認知：目標80%以上
- 学校教員や企業研修での利用者数：10%増
- 新着図書の情報を掲示する（入口看板、図書コーナー）：週1回
- 主催事業や談話室の利用者に、新着図書などの情報を提供する：月1回
- 利用者アンケートの実施：年1回
- カウンター対応事例検討会議を実施する：月1回
- 他部署職員からの利用者目線での提言会：年2回

背景

- 指定管理事業の評価ポイントの一つとして、貸出冊数の比重が高い。
- 利用者が、市立図書館との違いや専門性を明確に認識していないと、時所在感じることがある。
- ライブラリーの発行物は年1回のものが多く、定期利用者にとっては目新しさに欠ける。利用者と職員のコミュニケーションが頻繁にあるとは言い難い。
- ライブラリー職員はシフト勤務で、ミーティングも月1回しかなく、十分な情報共有が難しい。

★全体にしっかり記載されておりますが、戦略部分につきましては、もう少し推敲された方が良いと思います。特に、利用者の観点が重要です。本当に上部を実現するために、もう一つ下の観点が必要なのかです。再度推敲する必要があります。今のままですと、視点の関心、行動……そして、イベントや他機関との連携……そのような観点の内容も入れても良いのではと思いました。

★なぜ、貸出冊数を増やす必要であるのか、その上の目標であるならば、図書館の本質の戦略構築が、図書館の社会貢献増幅を、どう実現するのかを議論できる会の意義を大切に……と思います。

★情報センターの利用数が増やすということも必要ですが、女性センターのような全体の情報発信をどうつなげるのか一つの会合に参加するのが社会参画です。

★背景は、社会的（外部的）な要因を記載すると良いと思います。特に、貴館のような図書館の場合は特に重要だと思います。活動や戦略の社会的意義や役割増加へのつながりです。事例は、男女共同参画の取り組み、施策など。名称的、近年の自治体の取り組みの活動内容は情報センターそして社会的な位置付けで整理できるのだろうと思います。

3. ともにつくる，そして実行につなぐ

3-1 戦略マップの効果

●未来への航海図へ

　図書館活動の高度化・複雑化を背景に，図書館の仕事の量が増加し，質も高まっています。数多くの仕事に手をつけたい意欲はありますが，しかし仕事が肥大化してしまうため，現実には難しいでしょう。他方で，現在の仕事をそのまま前年踏襲すると，仕事はますます個別化し，さらには陳腐化してしまいます。加えて，図書館では業務委託化が進み，職場内の人間関係も希薄になり，管理職の方々は，明日，明後日の仕事をしているような孤独な感覚ではないでしょうか。

　戦略マップを検討することにより，ビジョン（ありたい姿）を実現するための具体的な方法を選択し，戦略を集中させることができます。さらに，ビジョンを実現するためには，個々人の仕事，ある１つの係・課など単独での実行が難しいことがわかり，その結果，他部署との協働にもつながります。前向きで未来志向の仕事は，広く他部署へ連鎖することになります。

　もちろん，日常の図書館活動として，ここで検討した戦略以外は実行しない，ということではありません。ビジョンを実現するための選択的な打ち手を，組織内の構成員とともに検討し，明確にし，共有化したことに意義があります。戦略マップが未来の図書館への航海図，コンパスになります。

●組織内のコミュニケーションツールへ

　組織内の構成員とともにつくられた戦略マップは，組織内における統一したコミュニケーションツールにもなり，広く構成員の間で戦略や目標値を共有することができます。戦略マップを見直す際にも，図書館のデータや，ここで検討した目標値を評価したり，見直しをすることにもつながります。戦略マップの存在により組織内の役割分担が明確になり，戦略マップに記載した共通言語に基づいて未来の図書館を語り合い，同じ志を持つ仲間を増やし，そして周囲を巻き込むことにつながります。

　突然上司が思いつきでサービスを考えたり，声の大きな図書館員の言いなりになる，他館の魅力的なサービスをそのまま真似をする，誰かが勝手にサービスを立案する，ということが繰り返されることなく，図書館の方向性と打ち手を組織の構成員とともにつくり，共有し，見直しをすることができるツールとなります。

●進捗の「見える化」へ

　戦略マップには，ビジョン（ありたい姿）を最上部とし，「利用者の視点」「業務プロセスの視点」「人材育成の視点」「財務の視点」など，各視点から実現するための戦略や実現するための方法，目標値が整理されています。これらを常にモニタリングすることにより，まるで自動車の運転席や飛行機のコックピットにあるさまざまなメータや数量計のように，それぞれの戦略がどのくらい進捗しているか，検討した目標値の達成状況は現時点ではどの程度か，などを組織内で「見える化」され，共有を図ることができます。その結果，現場の図書館員にとっては，進捗を意識することで具体的な改善行動や他の係・職員のフォローに結びつきます。管理職にとっても，図書館全体を鳥瞰しながら進捗を把握できるため，現場の１人ひとりの図書館員へのフォローとともに，マネジメント層（経営者）の意志を現場に的確に伝えることもできます。

　こうした進捗の「見える化」は，PDCA のマネジメントサイクルに活用できます。現場の図書館員と管理職，マネジメント層とが全体の進捗を共有することによって，戦略マップの見直しや次なる行動を組織内でともにつくることが

できます。

●仕事のビジョンの明確化へ

　戦略マップの最上部には，ビジョンを記載しました。そして，各視点からの戦略は上下が因果関係で結ばれています。つまり，これまでに検討した「実現するための方法」の実行，データの活用，さらには，「実現するための方法」から派生した現場の図書館員1人ひとりの細部にわたる仕事など，図書館の諸活動の背景となるビジョンが明確になります。

　仕事のための仕事，作業のための作業という，忙しさの中で失いかけていた個々の仕事やサービスの目的が明確になるため，なぜその仕事が必要か，なぜその作業を行っているのか，なぜそのサービスを続けているのか，などのように自ら問いをつくり，組織内1人ひとりの言葉で仕事の目的や意義を前向きに考えることにもつながります。

　そもそもの図書館の理念を思い出してみましょう。ランガナタンの「図書館は成長する有機体である」[13]をはじめ，『図書館の自由に関する宣言』『図書館のめざすもの』[14]などにも数々の言葉で表現されています。また，図書館の法的な基盤として，憲法が保障する基本的人権（学習権，知る権利等）とのかかわりでも考えることができるでしょう。

3-2　意志を持とう!

　図書館のビジョン（ありたい姿）は，マネジメント層が策定して，組織の構成員へ与えられるものではありません。また，組織の構成員とともに素晴らしい図書館のビジョン（ありたい姿）をつくることが目的でもありません。さらには，本書で紹介した4つの視点から成る戦略マップに基づきつつも，他に類をみないユニークな戦略の立案，役割分担など完璧な方法の立案，学術研究を踏まえた確実な目標値の設定など，戦略マップの全体を策定すること自体が目的ではありません。

　そうではなく，戦略マップ策定の目的のひとつとして，組織内でつくられ共

有・共感されているビジョン（ありたい姿）を実現することがあります。組織内でともにつくられる戦略マップは，1つの手段・枠組みにすぎません。大切なのは，すでに図書館サービスが存在している，さらには誰かが図書館の活動の方向性を示してくれる，という受動的な考え方ではなく，図書館が教育機関であり，社会的装置であるという意義を踏まえながら，時代の変化の中でそれぞれの図書館が具体的な活動を主体的に創造することではないでしょうか。

だからこそ，まずは図書館のビジョンを組織の構成員とともに検討し，戦略マップをデザインしましょう。検討することによって，図書館における多くの施策の優先順位を整理でき，それぞれの仕事や係の方向性を見つめ直すことにつながり，そして実行・行動につなぐことができます。共有化された図書館の方向性があるからこそ，実行しながら具体的な方法を再考でき，さらに目標値をモニタリングすることにもつながります。

もちろん，ビジョン（ありたい姿）の実現は1人ではできません。仲間の存在が必要不可欠になります。ビジョンをつくり，戦略マップを検討するためには，誰かが勝手に策定するのではなく，同じような志を持つ仲間を巻き込みながら周囲を巻き込み，そしてともにビジョンや戦略をつくり，実行につなげていくことが重要です。

自らの職場は自らがつくるという意志とともに，自身の課題は組織の課題でもあるという意志が必要です。

3-3　ビジョンを実現する人を育てる

戦略マップを策定する目的の1つに，組織内でつくられ共有・共感されているビジョン（ありたい姿）を実現することと説明しました。しかし，それ以上に大きな目的があります。

組織内の構成員とともにビジョン（ありたい姿）をつくり，戦略マップをつくる最大の目的は，「ビジョンを実現する人を育てる」「戦略マップを実現する人を育てる」ことにあります。組織全体でビジョン（ありたい姿）を共有し実行していくことは，すなわち，ビジョンに共感する人が増え，実現する人が育

まれ，大きく広がることにつながります。ビジョンを実現する人とは，若い図書館員のみならず，図書館の利用者（市民，学生）や，学校法人や自治体など図書館外の構成員なども含まれるでしょう。未来の図書館をつくることは，未来の図書館をつくる人を育てることにつながるのです。

　このように考えると，私たち図書館員の仕事，そして図書館員の生き方が，職場を育み，地域や学校，大学を育むことにもつながることがわかります。図書館員が持つ意志やビジョンが，組織全体や地域社会のエンパワーメントにもつながります。

●ともに学び，ともにつくる

　本稿は，2012年8月26日のライブラリ・マネジメントゼミナール「統計データを読み解き，計画・企画に生かす！：「静」から「動」へ」を増補した内容です。この内容とグループワークの構築，ワークシートの設計にあたり，WEプロデュースのメンバーの皆様より数多くのお知恵や粘り強いご助言をいただきました。さらにその後，2013年6月13日の大学図書館近畿イニシアティブ主催「未来のチームリーダーのための企画力講座」を企画・参加された皆様をはじめ，その他の研修会にお招きいただいた委員の皆様，参加された皆様からも大きなご示唆をいただきました。このように本稿は，WEプロデュースの皆様をはじめ，現場の図書館員の皆様とともに少しずつ積み重ね，小さな図書館でも役立つ実践的な内容です。

　また，本稿の基盤には，前職の学校法人において経営計画の策定に携わらせていただいたことがあります。実践的な経営戦略を，まさに「走りながら考える」状態でしたが，理事長，常務理事，総合企画室，Vison150プロジェクト（若手教職員）の皆様から大きな刺激を受ける毎日でした。

　このように，多くの方々からチャレンジングな機会をお与えいただいたことは，すなわち，私自身が多くの皆様から学ぶ機会をいただいたことでもあります。本稿は，私の経験を踏まえ多くの皆様とともに学び，ともにつくられたものです。機会をお与えいただいた多くの皆様に改めて深く感謝申し上げます。

Ⅱ部引用・参考文献

1：糸賀雅児「アウトカム指標を中心とした図書館パフォーマンス指標の類型と活用」日本図書館情報学会研究委員会編『図書館の経営評価：パフォーマンス指標による新たな図書館評価の可能性』勉誠出版，2003, p.87-104,（シリーズ図書館情報学フロンティア，3）．
2：ジェームズ・C・コリンズ，ジェリー・I・ポラス；山岡洋一訳『ビジョナリーカンパニー：時代を超える生存の原則』日経BP出版センター，1995.
3：足立光正『企業理念開発プロジェクト』ダイヤモンド社，2004.
4：ソフトバンク新30年ビジョン制作委員会編『ソフトバンク新30年ビジョン』ソフトバンククリエイティブ，2010.
5：杉原明ほか「若手教職員中心によるビジョンづくり：工学院大学における「Vison150」プロジェクトを通して」『大学行政管理学会誌』16, 2012, p.109-117.
6：遠藤功『見える化：強い企業をつくる「見える」仕組み』東洋経済新報社，2005.
7：ロバート・S・キャプラン，デビット・P・ノートン；吉川武男訳『バランススコアカード：新しい経営指標による企業変革』生産性出版，1997. ロバート・S・キャプラン，デビット・P・ノートン；櫻井道晴監訳『キャプランとノートンの戦略バランスト・スコアカード』東洋経済新報社，2001.
8：吉川武男，ベリングポイント『バランス・スコアカード導入ハンドブック』東洋経済新報社，2003. 吉川武男『バランス・スコアカード入門：導入から運用まで』生産性出版，2001. 松山真之介『会社を戦略通りに運営するバランススコアカードの使い方がよくわかる本』中経出版，2003.
9：堀公俊，加藤彰『ロジカル・ディスカッション：チーム思考の整理術』日本経済新聞社，2009. 森時__，ファシリテーターの道具研究会『ファシリテーターの道具箱：組織の問題解決に使えるパワーツール49』ダイヤモンド社，2008.
10：吉川武男『バランス・スコアカードの知識』日本経済新聞社，2006,（日経文庫，1063）．伊藤一彦，上宮克己『小さな会社にも活用できる！「バランス・スコアカード」の創り方』第3版，同友館，2011.
11：吉川武男，前掲書，2006, p.25-26.
12：加藤毅，鵜川健也「大学経営の基盤となる日本型インスティテューショナル・リサーチの可能性」『大学論集』41, 2010, p.235-250.
13：S・R・ランガナタン；森耕一監訳『図書館学の五原則』日本図書館協会，1981.（S.R.Ranganathan. The Five Laws of Library Science. 第2版よりの訳）
14：竹内悊編訳『図書館のめざすもの』日本図書館協会，1997.

あとがき
〜この本の成り立ち〜

　この本は，人と情報を結ぶ WE プロデュースが大阪で開催した「ライブラリーマネジメント・ゼミナール（LM ゼミ）／ 2012：図書館員のキャリア開発〜今，必要とされる能力を高める」をきっかけにして，誕生しました。

　「ライブラリーマネジメント・ゼミナール」については，「Ⅰ部 3．研修プログラムの企画・運営事例」として紹介しましたが，実は伝えきれなかったことがあります。それは，毎回，「ゼミナール」が終わった後に，参加者だけでなく主催する運営スタッフもまたエンパワーすることです。

　今回も，"この「ゼミナール」の場で生まれたものを，現場にいるもっと多くの図書館員に伝えたい"，という運営スタッフのやる気が高まり，「LM ゼミ出版プロジェクト」を立ち上げて，「本」として出版する企画に取り組みました。企画の中心においたのは，「LM ゼミ 2012」プログラムの第 1 回，第 2 回で取り上げたテーマです。どちらも，参加者から高い評価を得て，図書館員が"今，必要としているスキルとノウハウ"であることを運営スタッフ一同，実感したからです。

　講師をつとめた尼川洋子と石川敬史が"現場力を育てる"を共通目標に，「2 つのアプローチ」をつくり，原稿を書きおろしました。2 人の原稿の中には，「LM ゼミ 2012」で参加者と共につくり上げた成果と LM ゼミ出版プロジェクトメンバーの現場で培った知恵が織り込まれています。

　"現場から生み出された知恵とノウハウを現場へ"伝え，図書館の活性化と"実行につなぎ，未来をつくる"ことに貢献できればと願っています。

　最後になりましたが，広く，図書館現場で働く人たちに届く本にしたいという私たちの思いを受けて，出版を英断して下さいました樹村房の大塚栄一社長に心からお礼を申し上げます。

　　　2014 年 1 月 24 日

人と情報を結ぶ WE プロデュース
代表　尼川　洋子

著者プロフィール

尼川 洋子(あまかわ・ようこ)

1947年生まれ。人と情報を結ぶWEプロデュース代表。
25年間の大学図書館勤務後, 兵庫県立女性センター,
大阪府立女性総合センター(ドーンセンター)情報担当コーディネーターとして
ライブラリーの立ち上げと運営を担当。ドーンセンター企画推進ディレクター,
独立行政法人国立女性教育会館客員研究員・コーディネーターを経て,
リタイア後は「人と情報を結ぶWEプロデュース」を立ち上げて活動中。

石川 敬史(いしかわ・たかし)

十文字学園女子大学21世紀教育創生部講師。
工学院大学図書館課長補佐, 総合企画室課長を経て現職。
総合企画室ではVison150プロジェクトと中期計画の策定を推進。
現在は戦後日本の移動図書館研究と,
女性図書館員・情報担当者のキャリア形成支援に取り組んでいる。

LMゼミ出版プロジェクト　メンバー

丸本 郁子　*プロジェクト代表(原稿監修者)
大阪女学院短期大学名誉教授

尼川 洋子　*著者(I部)
人と情報を結ぶWEプロデュース代表

石川 敬史　*著者(II部)
十文字学園女子大学21世紀教育創生部講師

岩本 高幸
堺市立中図書館館長代理

川畑 真理子
カウンセラー　人と情報を結ぶWEプロデュース共同代表

多賀谷 津也子
大阪芸術大学図書館課長

図書館の現場力を育てる
― 2つの実践的アプローチ ―

2014年2月22日 初版第1刷発行

検印廃止	編 者Ⓒ	人と情報を結ぶ WEプロデュース
	発 行 者	大 塚 栄 一

発 行 所　株式会社 樹村房
〒112-0002
東京都文京区小石川5丁目11番7号
電話　東京03-3868-7321
FAX　東京03-6801-5202
http://www.jusonbo.co.jp/
振替口座　00190-3-93169

デザイン・組版／BERTH Office
印刷・製本／美研プリンティング株式会社

ISBN978-4-88367-229-5
乱丁・落丁本は小社にてお取り替えいたします。